Franz von Sebernthal

Manifest aller Völker gegen die französische Revolution

Franz von Sebernthal

Manifest aller Völker gegen die französische Revolution

ISBN/EAN: 9783743437470

Hergestellt in Europa, USA, Kanada, Australien, Japan

Cover: Foto ©ninafisch / pixelio.de

Weitere Bücher finden Sie auf **www.hansebooks.com**

Waffen

aller Völker

gegen die

Französische Revolution

von

einem ausgewanderten Franzosen.

Mit

Anmerkungen

des Deutschen Uibersetzers.

Wien

bey Anton Gassler.

1792.

Vorrede.

Da gegenwärtiges Manifest im Stande ist, sehr vieles Licht über die Französischen Angelegenheiten, und die Beweggründe des gegenwärtigen Krieges zu verbreiten, und da dasselbe bisher nur stückweise in öffentlichen Blättern erschien, dürfte es vielleicht dem Publicum nicht unangenehm seyn, dasselbe mit einigen Bemerkungen im Zusammenhange zu lesen.

Manifest
gegen die Französische Revolution.

———————

Seine Majestät der Kaiser, und Seine Majestät der König von Preussen haben zwar bey dem Anfange eines Krieges, zu welchem Dieselben durch den ungerechtesten und eigenmächtigsten Angriff, und durch die dringendste Nothwendigkeit der Umstände gezwungen wurden, einzeln und für sich die besonderen Beweggründe ihres Verfahrens bekannt gemacht. Allein da Beyde Majestäten bey diesem Schritte durch das geheiligte Wohl der Menschheit beseelet wurden, ist es nicht hinlänglich, daß Dieselben die politischen Kabinette von den Umständen unterrichteten, welche Ihnen die Verbindlichkeit auflegten, den Weg der Waffen zu ergreifen, sondern es liegt Ihrem Ruhme, und dem Glücke Ihrer getreuen Unterthanen wesentlich daran, alle Völker der Erde über die Natur, die Ursachen und Wirkungen der Französischen Revolution aufzuklären, und sowohl dem gegenwärtigen Zeitalter, als der Nachwelt Ihre Beweggründe, Ihre Absichten, Ihre persönliche Uneigennützigkeit durch ein öffentliches Manifest darzustellen.

Da zugleich Ihre Majestäten bloß darum die Waffen ergriffen, um die gesellschaftliche und politische Ordnung aller gesitteten Völker von dem Untergange zu retten, und jedem Staate

A   seine

seine Religion, seinen Wohlstand, seine Unabhängigkeit, seinen
Umfang und seine Hoheitsrechte, seine wahre Verfassung zu
versichern, darf die Welt mit Zuversicht erwarten, daß Ihre
Majestäten in diesem Kriege der zallgemeinen Sicherheit durch
den Gebrauch der Kräfte, welche die Vorsicht Ihren Hän-
den anvertraute, die Menschheit über die Uibel, die sonst der
Krieg mit sich brachte, und über das Blut trösten werden, dessen
Vergießung die Störer der öffentlichen Ruhe vielleicht nöthig
machen dürften. Diese schöne Hoffnung bewog bereits Ihre
Majestäten, allen Völkern und allen Privatpersonen das große
Beyspiel zu geben, Ihre vorigen Mißverständnisse, und besonderen
Verhältnisse und Vortheile beym Anblicke der gemeinschaftlichen
Gefahr zu vergessen, und das allgemeine Wohl der Menschheit,
welches, so lange historische Nachrichten reichen, noch niemahls
seinem Umsturze so nahe war, 1) zum einzigen Gegenstande Ihrer
väter-

---

1) Dieser Satz ist leider nur zu wahr. Alle anderen bekannten Revolutio-
nen in Griechenland, Rom, Itallen, Holland, England, ja selbst jene
von Frankreich im Jahre 1356 schränkten sich auf weit kleinere Bezir-
ke, oder wenigst auf ihr eigenes Land ein. Aber die gegenwärtigen
Französischen Rottirer begnügen sich nicht die moralische, religiöse und
bürgerliche Verfassung ihres Landes umzustürzen und das Reich, welches einst wegen der Gefälligkeit seiner Sitten, und des sanften Charac-
ters seiner Bewohner als der Sitz der Cultur betrachtet ward, in eine
Mördergrube, und in den Aufenthalt der Cannibalen zu verwandeln.
Durch die Allgemeinheit der Französischen Sprache aufgemuntert deh-
nen sie ihre unsinnigen Entwürfe auf alle Völker des Erdbodens aus,
sprechen öffentlich in ihren Versammlungen von einer Universalnation und
einem Universalreiche, und suchen durch ihre Declamationen, aufrührische
Schriften und geheime Kunstgriffe den Geist der Empörung überall anzufachen, und unter dem Scheine der Freyheit jedes gesetzmäßige Ansehen zu zerstören, um die Herrschaft der] Zügellosigkeit und des Lasters
auszubreiten.

väterlichen Sorgfalt zu machen. Mit Recht glaubten Ihre Majestäten, daß in diesem kritischen Zeitpuncte alle Interessen, alle
Reiche, alle Staaten sich vereinigen müßten, und daß alle Souveraine durch das allgemeine Wohl der Menschheit, welches die
Vorsicht ihrem Schutze besonders anvertraute, verbunden wären,
aufzustehen, und ihre ganze Macht anzuwenden, um eine zahlreiche Nation ihrer eigenen tollen Wuth zu entreissen, das mensch-
liche Geschlecht von dem Rückfalle in die Barbarey zu bewahren,
und die Welt gegen die gänzliche Auflösung der gesellschaftlichen
Bande sicher zu stellen, von welcher dieselbe bedrohet wird. 1)

A 2

Ob-

---

1) Da durch das Jacobinische Ministerium die Diplomatie in Frankreich
eine ganz neue Wendung genommen, ist es freylich nicht länger be-
fremdend, daß eben die Demagogen, welche, ihrem eigenen lauten Ge-
ständnisse nach, alle Triebfedern der Verführung und der Bestechung in
Bewegung setzten, um ihre zerstörenden Grundsätze überall einzuführen,
die friedlichen Vorkehrungen der Souveraine in ihren eigenen Landen
zur Abwendung derselben, als einen Beweis feindseliger Gesinnungen
aufstellten, und nun den gegenwärtigen Krieg, welchen sie durch den
ungerechten Einfall in die Niederlande selbst anfingen, mit den Creutz-
zügen des Mittelalters vergleichen, und als eine Fehde der Könige gegen die Freyheit erklären wollen. Welche Aehnlichkeit hat wohl Nothwehr mit Rachgier entfernter, und zum Theil übertriebener Beleidigungen, ein regelmässiges, und gut disciplinirtes Heer mit zusammge-
rafften unkriegerischen Haufen, die Erhaltung des nöthigen Gleichge-
wichtes in Europa mit unausführbaren Eroberungsentwürfen in Asien
oder Africa? Ist denn das Gefühl der Neufranken so ganz stumpf geworden, daß sie nicht einmahl ahnden, daß die Vergleichung vollkommen gegen sie selbst gewendet werden könne? Wir finden bey ihnen die
politische Schwärmerey in weit stärkerem Grade, als jemahls religiöse,
einzelne Rotten ohne ordentliche Waffen, ohne Zucht, ohne Anerkennung eines Oberbefehls, wie unter Gautier sansavoir, eine und dieselbe Eroberungssucht, als unter den Altfränkischen Abentheuern, und
eben so gewaltsame Predigten der Anarchie, wie vormahls die Bekeh-

rung

Obgleich die französische Revolution leider nur zu bekannt ist, muß doch ein Manifest gegen dieselbe die vorzüglichsten Ereignisse treu darstellen, und die bloße Anführung der Thatsachen kann jeden Leser in den Stand setzen, den großen Streit zu entscheiden, welchen nun alle Nationen und Völker gegen die Störer der allgemeinen Sicherheit zu führen haben.

Seit vier Jahren betrachtet Europa mit Aufmerksamkeit, mit Erstaunen, mit täglich wachsendem Unwillen eine Revolution, welche Frankreich unterdrückt, und einen mächtigen König in empörenden Fesseln hält, der die Liebe seiner Unterthanen, die Achtung, die Theilnahme, die Freundschaft aller Souveraine in so vollem Maße verdienet. 1)

Es

---

rung der Heiden durch das Schwerdt. Und dann völlends eine Fehde der Könige gegen die Freyheit, als wenn die Freyheit eines Landes so anlockend wäre, wo Niemand anders handeln, reden, denken darf, als es der herrschenden Parthey gefällt, Sicherheit der Personen und des Eigenthumes unbekannte Dinge sind, der Mordstahl der Banditen täglich gezückt ist, und alles dem Joche veränderlicher, und durch Wuth, Tollheit und Privatinteresse erpreßter Gesetze unterworfen ist!

1) Man würde über die ungerechten Urtheile, die gewöhnlich über Ludwig XVI. geschöpfet werden, billig erstaunen müssen, wenn er nicht ein König, und noch dazu ein unglücklicher König wäre. Noch als Dauphin erregte er durch seine Wißbegierde die größten Hoffnungen, und theilte durch seine Herablassung mit Marien Antonien die Liebe einer Nation, welche in Ganzem betrachtet, ihren Beherrschern von jeher eine so große Anhänglichkeit bewies. Der Antritt seiner Regierung wurde in Frankreich als der Anfang eines goldenen Zeitalters betrachtet. Die erste Ausübung der königlichen Würde war die Nachlassung zweyer Steuern: la Joyeuse entrée, und la ceinture de la Reine, die von jeher einem neuen Monarchen entrichtet wurden. Die Minister, welche bey der Nation verhaßt waren, wurden entlassen, der Graf

von

Es ist weltbekannt, daß der allerchristlichste König von
Anbeginn seiner Regierung an, sich auf alle mögliche Weise be-
mühet

---

von Maurepas, und die Parlamente zurückberufen, die Verwaltung der
Finanzen dem tugendhaften Turgot anvertrauet. Als der Neid Turgot
entfernte, erhielt Necker, welcher noch mehr zu versprechen schien, dessen Stelle, und Ludwig XVI. arbeitete unermüdet an dem Glücke seines Volkes. Der Amerikanische Krieg unterbrach die Herstellung der
Finanzen, allein er war der Wunsch der Nation, und der König gab
nach. So rühmlich das Ende desselben für Frankreich war, ist doch
dieser die eigentliche Quelle aller Unglücksfälle des Reiches. Die
Finanzen kamen in gänzliche Unordnung: Necker half nur durch augenblickliche Mittel, und erschwerte die öffentliche Last. Necker ward endlich das Opfer seiner Eitelkeit, die Wahl späterer Minister war nicht glücklicher, und die Hartnäckigkeit der Parlamente vermehrte das Uibel.
Wenn der König in seine eigenen Einsichten mehr Zuversicht gesetzt,
würde er vielleicht dieselben zum Theile abgewendet haben. Dieses beweisen die Gegenwart des Geistes, welche er bey den außerordentlichen
Unglücksfällen immer beybehielt, die verschiedenen Aufsätze, die er ei-
genhändig über Polizeygegenstände, und über die Entdeckungsreise des
Grafen von Peyrousse entwarf, die verschiedenen gründlichen Bemerkungen, welche er theils auf der Stelle, theils schriftlich bey den Versammlungen machte, und die in einem so herzlichen Tone abgefaßt waren,
daß sie nur einen König zum Urheber haben konnten, der sein unberathe-
nes Volk so zärtlich liebt, wie Ludwig XVI. Allein theils durch Miß-
trauen auf sich selbst, theils durch die eingeführte Etiquette geleitet,
nahm er zu fremden Rathschlägen seine Zuflucht, berufte die Notables,
nahm Necker wieder in das Ministerium, und ließ sich von diesem zweydeutigen Manne allgemeine Stände und das doppelte Repräsentationsrecht
des Bürgerstandes ablocken, weil er in beyden Vorschlägen den Wunsch
der Nation zu lesen glaubte. Erst als der dritte Stand die ganze ural-
te Grundverfassung eigenmächtig über den Haufen warf, erlaubte er sich
auf den bisher in der Monarchie hergebrachten, und niemahls als widerrechtlich angesehenen Wegen einigen Wiberstand. Allein dieser konnte nicht von Wirkung seyn, da er alle gewaltsamen Mittel gegen sein
Volk

6

mühet habe, seine väterliche Zuneigung für die Unterthanen, seine Liebe für die Gerechtigkeit, seinen standhaften und ernstlichsten Wunsch zur Wiederherstellung der Finanzen, und zur Befriedigung der Staatsgläubiger an Tag zu legen. Er kannte kein größeres Vergnügen, als durch persönliche Aufopferungen die Last seines Volkes zu erleichtern. 1) Bey der Wahl seiner Minister folgte er ganz allein der öffentlichen Meinung, und hielt mit derselben gleichen Schritt. 2) Seine ganze Beschäftigung bestand darin, die Bürde seiner Unterthanen zu vermindern.

Volk verabscheute, und jede Blutvergiessung auf das strengste untersagte. Wenn daher der Aufstand von Paris, die Mordnacht von Versailles vom 5 — 6. October, Seine Gefangennehmung zu Varennes, und der letzte schändliche Auftritt vom 10. August dieses Jahres nicht hintertrieben wurden, wird freylich die kaltblütige Vernunft wünschen, daß Ludwig XVI. sich zu strengern und zweckmäßigern Maßregeln entschlossen hätte. Aber wer kann ihm das Ubermaß der Liebe zum Verbrechen machen, oder wer, der nur einiger Maßen mit dem Gange der Französischen Revolution bekannt ist, und gesehen hat, wie kaltblütig Ludwig XVI. sich den größten Gefahren aussetzte, wie wenig selbst die gezückten Mordgewehre ihm Furcht einjagten, kann nur versucht werden, eine andere Triebfeder seines Betragens zu vermuthen, als eine gränzenlose Zuneigung zu seinem Volke, dessen Zufriedenheit ihm selbst durch die Aufopferung seiner königlichen Vorrechte nicht theuer genug erkauft zu werden schien?

1) Neckers Werke über die Finanzen und sowohl seine, als anderer Finanzminister den Notables, und der constituirenden Nationalversammlung vorgelegten Aufsätze enthalten das schönste Denkmahl, daß niemahls eine Einschränkung dem Könige oder der Königinn vorgelegt worden, welche denselben zu lästig gewesen wäre. Und als durch die kurzsichtigen Verfügungen der constituirenden Nationalversammlung die Unordnung der Finanzen noch höher stieg, und der öffentliche Schatz seine Zahlungen einstellen mußte, waren der König und Königinn die ersten, welche ihr Silbergeschirr in die Münze schickten.

2) Maurepas, Turgot, Necker, endlich gar Jacobiner!

dern, ihren Wohlstand zu vermehren, die Wünsche der Nation zu kennen, und zu befriedigen. 1) Wenn er fehlte, geschah es um seines Volkes willen, das durch ähnliche Gründe hintergangen ward, und von dessen Wünschen er sich nicht trennen wollte. Selbst wenn er mehr der Stimme seines Herzens, als der Strenge der Gerechtigkeit Gehör gab, und gemachte Fehler geheim hielt, leitete ihn bloß die Hoffnung, dieselben verbessert zu sehen, ohne strafen zu müssen. Die schwärzeste Verläumdung hat sich nicht erdreustet, den persönlichen Character Ludwigs XVI. verdächtig zu machen, und die zügellosesten Partheyen, welche sich so gar erfrechten, denselben seiner obersten Gewalt zu berauben, und die Ehrfurcht gegen dessen Person zu verletzen, verstummten vor der königlichen Redlichkeit. 2)

Ob

---

1) Selbst Mirabau ließ mitten im Aufruhr dem Könige darüber Gerechtigkeit wiederfahren. Man sehe dessen Schreiben von Marseille an den Commandanten der Provinz Grafen von Caraman.

2) Auch hier gelang es endlich der Rotte von Bösewichtern und Schwärmern, welche sich zu Frankreichs Untergang verschworen hatten, die Gesinnungen des großen unwissenden, wankelmüthigen, und undankbaren Haufen, das Volk genannt, umzustimmen. Schon die Demagogen der constituirenden Nationalversammlung gaben sich alle Mühe, das königliche Ansehen herabzusetzen, welches ihren zerstörenden Entwürfen so sehr im Wege stand. Sie verwandelten die Monarchie in ein bloßes Schattenbild, und suchten planmäßig durch die Auftritte vom 5 — 6. October, durch die Anhaltung des Königs bey seiner Reise nach St. Cloud, durch die Anweisung des Ranges nach ihrem Präsidenten, durch die Suspension seiner Gewalt, durch die schimpfliche Zurückbringung desselben nach Paris, den alten Glanz der Majestät in den Augen des Volkes auszulöschen. Die zweyte, oder die sogenannte gesetzgebende Nationalversammlung bildete sich größtentheils unter dem Einflusse der Jacobiner, der geschwornen Feinde der Könige, und zeichnete sich schon in den ersten Sitzungen durch Beleidigung des Thrones aus. Allein das persönliche Zutrauen auf Ludwig XVI. war noch so groß, daß der Pöbel selbst sein Mißvergnügen bezeigte, und die Versammlung ihre Decrete

Ob derselbe gleich fruchtlos alle Mittel erschöpfte, die man ihm vorlegte, um seine Unterthanen glücklicher zu machen, und die

erste zurücknehmen mußte. Daher kehrte nun die Jacobinische Parthey alle ihre Waffen gegen den guten Ruf des Königs: ihre Schreyer in der Versammlung hörten nicht auf, die vollstreckende Gewalt verdächtig zu machen, die Schandschriften gegen den König und die Königinn wurden mit lautem Beyfallklatschen, und den Ehren der Sitzung belohnet. Man erfand einen Oesterreichischen Ausschuß, und schrie über Verrätherey, als Plane bekannt geworden, welche vierzehn Tage vor ihrer Ausführung in allen Europäischen Zeitungen standen. Da aber die eigentliche Bürgerschaft, da die Nationalgarden von Paris selbst auf der Seite des Königs, und des Gesetzes standen: da ungeachtet der Versuche Pethions und Mannels die Fronleichnamsprocession zeigte, daß die alte Religion noch zahlreiche Anhänger habe, brachte man die Decrete gegen die ungeschwornen Priester und das Lager der Bundesgenossen unter den Mauern von Paris in Vorschlag. Als der König die Entwürfe der Verschwornen übersah, und von den bessern Bürgern selbst aufgefodert diesen Decreten seine Genehmigung versagte, und zugleich die Ankunft der vereinigten Heere dem Reiche des Fanatismus ein Ende zu machen drohte, beschlossen die Rottirer das äußerste zu wagen. Sie beschuldigten den König öffentlich der Gegenrevolution, und suchten ihn mit gewaffneter Hand zu zwingen, ihren Wunsch zu erfüllen. Die Standhaftigkeit des Königs schien zwar ihre Absichten zu vereiteln, aber der Tag vom 20. Junius war nur das Vorspiel des Ausbruches der höllischen Verschwörung, und die Häupter derselben scheinen bloß versucht zu haben, wie weit ihre Kräfte reichen würden. Der laute Unwille der Gutgesinnten konnte sie nicht zurückschrecken, da diese muthlos ihren guten König ohne Widerstand hatten mißhandeln lassen. Sie entfernten die Linientruppen, und einen Theil der treuen Schweizer, nachdem sie schon vorläufig die constitutionsmäßige Garde des Königs entwaffnet hatten, zogen die Banditen von Marseille nach Paris, erkauften den Pöbel der Vorstädte, der zum Rauben und Morden bereits geübet war, sprachen von gewaltsamen Maßregeln des Hofes, und einem feindseligen Angriffe der Schweizer, während der König wehrlos mit seiner Familie in den Saal der Versammlung flüchtete, und ein Theil der Schweizer erst.

die Masse der Staatsschulden zu vermindern, ob er sich gleich in der Wahl seiner Minister unglücklich, in allen seinen Erwartungen.

---

erst als sie von der wüthenden Menge angefallen wurden, sich zu einiger Gegenwehr sezten, ermordeten die Garden und treuen Diener des Königs, plünderten den Pallast, und verwandelten einen Theil davon mit Brandfackeln in einen Schutthaufen. Die höchst strafbare Minorität der Versammlung, welche mit in die Verschwörung gezogen ward, suspendirte den König gegen den klaren Sinn der Constitution ohne Beweise auf die Anklage von Meuchelmördern und Mordbrennern, sezte eigenmächtig eine Reichsverwesung nieder, und rechtfertigte diese unerhörten Schritte mit einigen Schriften, welche man bey der Plünderung in den Tuillerien gefunden haben will. Ohne zu bemerken, daß später aufgefundene Schriften nicht der Beweggrund eines vorhergegangenen Urtheiles seyn können, und daß eine Gesellschaft, welche sich so gewaltsame Mittel zu erlauben pflegt, wohl auch nüzliche Verfälschungen versuchen kann, ist doch unter den vor der Versammlung bekannt gemachten Actenstücken kein einziges, welches den König oder die Königinn unmittelbar beträfe, und auf ihren Character nur den entferntesten Schatten werfen könnte. Man müßte denn es dem Monarchen zum Verbrechen machen, daß er den alten Gardes du Corps, die ihm und seiner Familie in der schrecklichen Nacht vom 5 — 6. October durch eine heldenmäßige Aufopferung das Leben rettete, ihren ehemahligen Gehalt aus seinen eigenen Einkünften fortsezte: oder so sehr Jacobiner seyn, einen Hochverrath zu finden, wenn der Monarch seine Minister und andere Männer, die er seines Vertrauens würdig hält, zu Rathe zieht, auf welche Art ihm die Constitution selbst Mittel an Handen gebe, ihren Umsturz gegen die gewaltsamen Ränke der Rattirer aufzuhalten, und wenn er sich hie und da der Preßfreyheit als eines Gegenmittels bediente, um die Gährung, welche die Clubs durch unzählige Broschüren unterhielten, zu stillen, und das Volk vor dem Abgrunde zu warnen, welchen ihm seine falschen Freunde bereiteten: oder so sehr unwissend, um ein Handschreiben der Kaiserinn Königinn Maria Theresia mit jenem ihrer Tochter, und bereits todte Anempfohlene mit noch lebenden Emigranten zu verwechseln. Vielmehr sind gerade diese Actenstücke der offenbarste Beweis für die Unschuld und Redlichkeit des Hofes, da eine

B

Ver-

gen getäuscht sah, obgleich unvermuthete Ereignisse seine väterlichen Absichten erschwerten 1), gab er doch seine wohlthätigen Entwürfe nicht auf. Die Königinn 2), die ganze königliche Familie gaben seinem Muthe neue Stärke, so wenig er einer Anfeuerung be-
durfte, um den einzigen Gegenstand seiner Wünsche, die einzige Leidenschaft seines Herzens, die Beförderung der Glückseligkeit seines
Volkes, rastlos zu verfolgen. Da er in den Notables jene Unterstützung
nicht

Versammlung, welche ihre Wuth gegen jedes gesetzmäßige Ansehen so
sehr an Tag legte, und sich banditenmäßig der Papiere ihres Königs
bemächtigte, um ihn zu vernichten, es nicht wagte davon Gebrauch zu
machen, und ein ordentliches Urtheil dem neuen Nationalconvente über-
ließ.

1) Der Americanische Krieg, Mißwachs, Viehfall.

2) Diese erhabene Fürstinn, die wegen ihrer Schönheit, ihrer Geistes-
gaben, ihrer Herablassung, ihrer menschenfreundlichen und wohlthätigen
Gesinnungen, ihrer beyspiellosen Anhänglichkeit für einen unglücklichen
Gemahl, und ihrer unerschütterlichen Standhaftigkeit mitten unter Mordgewehren und Brandfackeln die allgemeine Achtung, Bewunderung,
Liebe der ganzen gesitteten Welt mit so vielem Rechte verdienet, hat sich
ihre Feinde in Frankreich, und die heftigen Anfälle, welche zügellose
Frechheit gegen Sie gemacht, nicht durch irgend eine persönliche Veran-
lassung, sondern bloß durch ihre Oesterreichische Abkunft, und durch ihre Anhänglichkeit an das Haus, und an die Nation, aus welchen sie
hervorgegangen, zugezogen. Das Glück des Hauses Habsburg - Oesterreich in Erwerbung der Burgundischen und Spanischen Provinzen hatte die Eifersucht des Französischen Hofes Jahrhunderte lang erregt, und
die blutigen Kriege, welche diese Eifersucht veranlaßte, gründeten eine
Art von Nationalhaß, welchen selbst der zum Glücke beyder Staaten
im Jahre 1756 geschlossene Bund nicht tilgen konnte. Die Französische
Lebhaftigkeit vergaß zu bemerken, daß die steigende Macht von Oesterreich nicht das Werk eines fremden Einflusses, sondern einer besser or-
ganisirten Verfassung sey, schrieb die glücklichen Ereignisse der Unterstützung der Königinn zu, obgleich das Französische Kabinett den alten
Grundsätzen getreu blieb, sprach von Millionen, die Marie Antonie ihrem

nicht fand, welche er erwartete, berief er die allgemeinen Stände 1). In diesen drey Ständen wollte er alle seine Unterthanen
um sich her versammeln, um von denselben selbst zu vernehmen,

B 2   durch

---

rem großen Bruder geschickt haben soll, welche Verläumdung aber die
Eröffnung des rothen Buches sehr auffallend zu Schanden machte. Als
der Schwindelgriff der Revolution die Köpfe berückte, und die Factionen
des Hauses Orleans und der Rasenden, so verschieden auch ihre Entwürfe waren, doch über den verrätherischen Plan einig wurden, die re-
gierende Linie des Thrones zu berauben, stand ihrem unnatürlichen Vor-
haben von neuem die Schwester Josephs und Leopolds, die Tante Fran-
zens, entgegen, und Marie Antonie und Oesterreich wurden der Gegenstand der Verläumdung und des Hasses aller Rottirer.

2) Konnten Notables, allgemeine Stände, Nationalversammlungen, und
Convente für Frankreich etwas wahrhaft Nützliches leisten? Der Verfasser des Observations reflechies sur les Observations rapides sur
la lettre de M. de Calonne au Roi, der ein sachkündiger, und un-
partheyischer Mann zu seyn scheint, macht über die Gesetzgebungswuth
seiner Landsleute folgende treffende Bemerkung: „ Lasset uns einmahl
„ gerecht und aufrichtig seyn! Ist es nicht ein wenig ungereimt, Männer
„ zu Gesetzgebern zu machen, welche größtentheils das Königreich nicht
„ kennen, über dessen Schicksal sie entscheiden wollen. Sammeln wir
„ einmahl die Stimmen der Leute aus den Provinzen, oder der Schrift-
„ steller, welche von dem Gange der Dinge unterrichtet sind. Sie wer-
„ den alle darin übereinkommen, daß die vorläufigen Versammlungen
„ sehr wenig Einsicht verriethen: daß die einzelnen Repräsentanten kein
„ festes System hatten, weil sie nicht genug aufgekläret sind: daß es
„ den meisten so gar an Muth fehlt, ihre Meinung zu sagen, weil ih-
„ nen weder ihre Rechte und Kräfte, noch ihre Pflichten hin-
„ länglich bekannt sind. Zwey Jahre vor der sogenannten Revolution
„ dachte kein Mensch an alle die Entwürfe, welche gegenwärtig die Köpfe
„ verwirren. Seit dieser Epoche herrschte eine beständige Gährung. Die
„ Zeiten der Unordnung waren nie die Periode eines gründlichen Un-
„ terrichtes. Oder sollen etwa aus dem Schooße stürmischer Provinzen
„ die Solonen und Lykurgus hervorgehen? Und wachsen die Gesetzgeber
„ wie die Pilzen aus der Erde? risum teneatis amici!. “

durch welche Mittel er sie endlich glücklich machen könnte 1). Seine
Aengstlichkeit, den allgemeinen Wunsch der Nation zu kennen,
erstreckte sich bis zu den Förmlichkeiten, und um ja seinem Volke nicht vorzugreifen, gab er sich alle mögliche Mühe, die öffentliche Meinung bestimmt inne zu werden, wie die allgemeinen Stände zweckmäßig zusammenberufen werden könnten 2). Er sah sich endlich durch einen Zusammenfluß widriger Umstände, vor welchen
ihn weder seine Herzensgüte, noch seine großmüthige Aufrichtigkeit schützen konnte, gezwungen, von der alten Form, nach welcher seine Vorfahren die allgemeinen Stände einberufen hatten,
abzuweichen 3). Er unterschrieb arglos die Einberufungsschreiben,

---

1) Er berief selbst die Notables von neuem, und ließ ihnen durch Necker die
Frage in ihrem ganzen Umfange vorlegen. Rede des Herrn Necker bey der
Versammlung der Notables am 6. November 1788.

2) Resultat des Staatsraths vom 27. November 1788. Einberufungsschrei-
ben der Stände an die Großvögte (Grands Bayllis). Obgleich die
Mehrheit der Notables, die Parlamente, die Pairs des Reiches, für die
Form von 1614 stimmten.

3) Der Verfasser scheint als erwiesen voraus zu setzen, daß Herr Necker
die zahllosen Broschüren bezahlte, welche Frankreich überschwemmten,
und die Ansprüche des Mittelstandes aufforderten, daß er eigene Leute in
die Provinzen schickte um die Köpfe zu erhitzen, daß er die heftigen
Adressen selbst aufsetzte, welche einige Gemeinden dem Könige übergaben,
daß die zweydeutigen Ausdrücke der von ihm verfaßten königlichen Einberufungsschreiben planmäßig waren, und daß er wirklich die Absicht
hatte, den republicanischen Geist über die Monarchie, und den Calvinis-
mus über die katholische Religion triumphiren zu lassen. Aber auch
Neckers wärmste Freunde müssen gestehen, daß dessen Rede vom 6. November an die Notables und der Ton der Einberufungsschreiben weit
mehr gemacht waren, die Gährung zu vermehren, als dieselbe zu stillen, daß die Verdopplung der Stimmen des dritten Standes in so stürmischen Zeiten nothwendig der Verfassung gefährlich werden mußte, und
daß endlich bey den spätern Auftritten Necker weit mehr auf seine Selbst-
sucht

ben, welche mit einer tiefen und hinterliſtigen Politik entworfen
waren, ſein oberſtes Anſehen in Gefahr ſetzten, und den Zweck
zu haben ſchienen, das Feuer der Zwietracht anzufachen, und
unmerklich den Samen des Aufruhrs zu verbreiten 1). Unter
dieſen unglücklichen Vorbedeutungen nahm die Verſammlung
der allgemeinen Stände ihren Anfang, und einer der beſten Könige, deren ſich Frankreich rühmen kann, ſagte dieſer damahls
noch ſo ehrwürdigen, und in kurzem ſo ſträflichen Verſammlung
jene unvergeßlichen Worte, welche jeder Souverain, der von
ähnlichen Geſinnungen durchdrungen iſt, mit Vergnügen wiederhohlen wird:

„Alles, was man von der zärtlichſten Theilnahme an dem öffentlichen Wohle erwarten darf, alles, was man von einem Könige, der der erſte Freund ſeines Volkes ſeyn will, fordern kann,
dürfen, ſollen Sie von meinen Geſinnungen mit Zuverſicht erwarten.„

Kaum waren dieſe merkwürdigen Worte ausgeſprochen,
welche die verirrteſten, und feindſeligſten Gemüther zurück bringen könnten, und die einen noch weit ſtärkern Eindruck auf ein von
ſeinem Könige mit Wohlthaten überhäuftes Volk hätten machen
ſollen, ward von allen Seiten das Loszeichen zum Aufruhr gegeben. Einer der drey Stände 2), welcher eine augenblickliche
Gunſt-

ſucht, als auf die Würde ſeines Amtes, und das Intereſſe des Königs
der Crone und der Nation Rückſicht genommen.
1) Rede des Königs bey Eröffnung der Verſammlung der allgemeinen Stände den 5. May 1789.
2) Der dritte Stand in Frankreich hat ſeine ganze Exiſtenz dem Capetin-
giſchen Hauſe, und deſſen Zweigen Valois und Bourbon zu verdanken.
Als der gegenwärtige Königsſtamm auf den Thron erhoben ward, befand ſich der ganze dritte Stand in der Dienſtbarkeit des Adels, und der
Cleri-

Gunstbezeugung als ein rechtskräftiges Befugniß geltend machte, und sein doppeltes Repräsentationsrecht, das ihm von dem Monarchen.

Clerisey. Die Capetingischen Könige wendeten ihr ganzes Ansehen an, um die Gemeinen nach und nach von den Fesseln der Leibeigenschaft zu befreyen, sammelten sie in Städte, gaben ihnen Stadtrechte und Freyheiten, und näherten dieselben so sehr den zwey obern Classen, daß Philipp der Schöne sie in dem Jahre 1303 als einen wesentlichen Bestandtheil der Nation in die Versammlung der allgemeinen Stände einführte. So eifrig der dritte Stand anfangs die Unabhängigkeit der Crone gegen die Anmaßungen Bonifacius VIII. vertheidigte, so bald vergaß er die Pflichten und Verbindlichkeiten, welche er der regierenden Familie schuldig war, und noch das XIV. Jahrhundert sah eine durch den dritten Stand bewirkte Revolution, welche mit der gegenwärtigen auffallende Züge von Aehnlichkeit hat. Schon bey der Zusammenkunft der allgemeinen Stände im J. 1355 zu Paris zeichnete sich das Oberhaupt des dritten Standes, Stephan Marcel Maire von Paris, durch kühne Forderungen aus, und K. Johann der Gute, der zur Fortsetzung des Krieges gegen Eduard III. und England bey seinen erschöpften Finanzen den Beystand der allgemeinen Stände nöthig hatte, mußte alles bewilligen, was man von ihm forderte. Als der König in der Schlacht bey Poitiers von dem schwarzen Prinzen gefangen ward, schrieb der Dauphin Carl, Verweser des Reiches, eine neue Versammlung der Stände nach Paris aus, um das Lösegeld für seinen gefangenen Vater aufzubringen. Allein der dritte Stand, welcher, da der Adel durch die unglückliche Schlacht sein Ansehen verloren, nun das Uibergewicht in der Versammlung hatte, dachte nicht darauf seinen König zu befreyen, sondern die gegenwärtige Verlegenheit des Hofes zu benützen, um eine neue Constitution zu erpressen. Der Dauphin hob zwar die aufrührerische Versammlung auf, allein der Pöbel von Paris griff zu den Waffen, und befestigte die Stadt. Die Bauern auf dem Lande folgten seinem Beyspiele, und plünderten, und zerstörten in Gesellschaft abgedankter Soldaten alle Edelsitze. Ein ehrgeiziger Prinz von Geblüt, Carl v. Evreux König von Navarra, strebte nach dem Throne, vereinigte sich mit dem Pariserpöbel, und zwang den Dauphin die Gefangenen los zu lassen, und zu einer neuen Versammlung im J. 1357 seine Einwilligung zu geben. Aber die neuen Deputirten der Städte und Flecken wurden bald von eben dem narchen bloß in der Absicht verliehen ward, um desto besser von den Wünschen der zahlreichsten Classe unterrichtet zu seyn, ohne ihm dadurch gegen die Grundverfassung des Reiches einen überwiegenden Einfluß einräumen zu wollen, suchte gleich in Anfang der Sitzungen die andern zwey Stände zu verschlingen, und dieselben durch die Masse seiner Zusammensetzung zu unterdrücken 1).

Um-

dem Geiste des Aufruhres beseelet als die Pariser, und überliessen sich unter Anführung des Bischofs Le Coq von Laon, und des Maire Marcel allen Ausschweifungen einer erhitzten Einbildungskraft. Der Maire Marcel drang mit seinen Rotten in den Pallast des Dauphins, ermordete vor dessen Augen die Marschälle von Champagne, und der Normandie, und der Dauphin, dessen Kleider mit Blute bespritzet waren, konnte sein Leben nur dadurch retten, daß er die blau und rothe Mütze auf sein Haupt setzte. Die neue Constitution, welche von der aufrührerischen Versammlung aufgesetzet ward, benahm dem Könige beynahe alle Gewalt, und übertrug sie dem dritten Stande, und der Dauphin rettete sich von der Annahme derselben nur durch seine Flucht aus Paris. Marcel gerieth endlich auf das äusserste und suchte Carl v. Navarra auf den 1. Aug. 1358 zum Könige von Frankreich ausrufen zu lassen. Allein Johann Maillard spaltete dem Maire am Vorabende den Kopf, die Nationalversammlung gieng aus einander, und der Pöbel von Paris führte den Dauphin unter lautem Freudengeschrey in die Stadt. Villaret Hist. de France. T. IX.

1) Der dritte Stand hatte nicht nur so viele Stimmen als der Adel und die Clerisey vereiniget, sondern bereits die Stimmenmehrheit, da durch die von Hrn. Necker veranlaßte Zuziehung der mindern Geistlichkeit zu den primairen Versammlungen einTheil des Standes derGeistlichkeit zu dem drittenStande übergetreten zu seyn schien. Daher kam es, daß der dritte Stand kühn genug war, auf den Vorschlag des Abbe Sieyes, eines vertrauten Freundes des Herzogs von Orleans, der durch den dritten Stand sich auf den Thron zu schwingen hoffte, sich den 17. Junius 1789 den Nahmen Nationalversammlung beyzulegen. Nur Schade, daß der Adel und die Geistlichkeit den Vortheil des Augenblickes sich entwinden liessen, um durch Errichtung eines Oberhauses das Gleichgewicht zu behaupten.

Umfonſt ſtellten ſich einer ſo herrſchſüchtigen, ungerechten, und geſetzwidrigen Anmaſſung das Anſehen des Herkommens, die Natur der Sache, und das geheiligte und unveräußbare Recht der zwey übrigen Stände entgegen. Der Widerſtand der zwey erſten Stände wurde bald überwunden, da man ihre Beſorgniſſe für das Leben eines geliebten Königs rege machte, der Gefahr des Umſturzes der Monarchie die perſönliche Gefahr des Königs entgegen ſtellte, und einen Aufſtand veranlaßte, welcher dem Leben Seiner Allerchriſtlichſten Majeſtät drohete 1). Die zwey erſten Stände würden ohne Zweifel jede Gefahr verachtet haben, welche ſie allein betroffen hätte; allein es kam darauf an, Frankreich eines der größten Verbrechen zu erſparen 2). Die Beſtürzung ließ zu keiner fernern Uiberlegung Zeit. Man mußte raſch handeln, wenn man den König retten wollte, und Cleriſey und Adel drängten ſich in den Verſammlungſſaal des dritten Standes. Von dieſem Augenblicke an hatte die Freyheit der allgemeinen.

---

1) Der 25. Junius war von der Faction von Orleans bereits beſtimmt, den Herzog zum Generallieutenant, oder was eines und daſſelbe iſt, zum Protector aus zu rufen: da ſo lange der König nicht gefangen, oder durch Gemüthskrankheit ſelbſt zu regieren nicht verhindert iſt, dieſe Würde gar nicht beſtehen kann; und an eben dieſem Tage brach ein fürchterlicher Aufſtand zu Verſailles ſelbſt aus, während in Paris die Gefangenen los gelaſſen wurden. Der Plan ſcheiterte zwar durch die Feigheit des Herzogs und den Muth des Adels, aber alle dieſe verſchiedenen Bewegungen hiengen genau zuſammen, und verkündigten weit ſtärkere Ausbrüche der Verſchwörung. M. v. die Memoires de Lally - Tolendal.

2) Erſt auf ausdrücklichen Befehl des Königs und auf die von dem Grafen von Artois erhaltene Bothſchaft, daß das Leben des Königs in Gefahr wäre, willigte der Adel den 27. Junius ein, ſich mit dem dritten Stande zu vereinigen.

meinen Stände ein Ende 1), und mit ihr das Daseyn der allgemeinen Stände selbst. Die Monarchie wurde nun von einer stürmischen und nichtswürdigen Versammlung verschlungen. Treulose Vasallen, die bloß abgesandt waren, um ihrem Souverain in seinen Entscheidungen durch ihre Rathschläge an Handen zu geben, und von ihm Gesetze zu empfangen, erfrechten sich demselben unerträgliche Vorschriften zu geben, und stürzten tollkühn den Thron um, zu dessen Unterstützung sie berufen waren. Ihre gottesräuberische Usurpation begann durch Brechung des Eides, den sie bey Erhaltung ihrer Vollmachten geschworen hatten. Sie waren frech genug, sich selbst eine constituirende Nationalversammlung zu nennen, als wenn sich diese selbst mit der Macht hätten bekleiden können, neue Grundgesetze zu geben, da ihre Committenten sie zu einem solchen Schritte nicht berechtigten; und sie selbst bloße Bevollmächtigte der Bezirksversammlungen waren, die allein als die wahren Stellvertreter der Nation zu betrachten sind 2).

Gleich

---

1) So gewaltsam auch dieser Uebergang erpreßt ward, sprach doch der dritte Stand, und dessen damahliger Präsident Hr. Bailly von freywilliger Versammlung der ganzen Familie, ein Kunstgriff, dessen sich die Rottirer unaufhörlich bedienten.

2) Der Endzweck der Zusammenberufung der allgemeinen Stände war nicht die Staatsverfassung von Frankreich umzuändern, sondern der Unordnung der Finanzen abzuhelfen. Die Ausgaben waren stärker, als die Einnahme, die Auflagen ungleich und drückend vertheilet; die Behebungsart zu kostbar und gehässig. Diesen Uebeln sollten die Deputirten Gränzen setzen, diesen konnten sie auch leicht steuern, da sich der Hof zu allen Einschränkungen, der Adel und die Clerisey zur Verzichtleistung auf ihre Freyheiten bey den öffentlichen Abgaben freywillig erbothen hatten. Die Herstellung der Ordnung in den Finanzen, eine gleiche Vertheilung der Auflagen, eine angemessenere Behebungsart waren also die einzigen Gegenstände der Berathschlagung, und dazu waren sie allein von ihren Committenten bevollmächtiget. Von dem Au-

C

genbli.

Gleich meineidig gegen den Eid der Treue, den sie dem
Könige ablegten, und den Eid, welchen sie ihren Committenten
geleistet hatten, setzten sie schaamlos den besondern Willen einer
sträflichen Mehrheit an die Stelle der buchstäblichen Vorschrift ihrer Vollmachten und der durch die Bezirksversammlungen hinlänglich ausgedrückten Wünsche der ganzen Nation. Aber gerade die Eigenmacht, mit welcher sie sich über ihre Vollmachten weg
setzten, und von denselben unabhängig machten, und alle Zweige
der obersten Gewalt widerrechtlich an sich rissen, drückte vor-
läu-

___

genblicke an, als sie sich von ihrer Bestimmung, von ihren Aufträgen entfernten, wurden sie Usurpatoren und Hochverräther, und da sie unberu-
fen, ohne rechtskräftiges Befugniß das Heiligthum der Grundverfassung
ihres Vaterlandes antasteten, konnten ihre Unternehmungen auch niemahls eine gesetzmäßige Form erhalten. Umsonst beruft man sich auf
die Einwilligung des Adels, der Clerisey, des Königs, und auf die
spätere Anerkennung ihrer constituirenden Gewalt durch die Provinzen.
Erstere war erzwungen, letztere erschlichen. Oder soll etwa eine Gewalt
nicht als erschlichen betrachtet werden, welche sich auf keinem ausdrücklichen Nachtrage der Vollmachten, sondern auf einer bloßen leidenden Einwilligung stützen kann, wo doch so viele Broschüren diese Aeußerung
laut aufforderten, Volksfeste und Spiele erfunden wurden, um die natür-
liche Lebhaftigkeit und den Enthusiasmus der Nation rege zu machen,
wo sogenannte patriotische Gesellschaften alles mit sich fort zu wälzen
suchten? Oder sollen etwa unbefangene Zuschauer die vorbereiteten, er-
bettelten, erpreßten Adressen einzelner Städte und Gemeinden als den
Ausdruck der Gesinnungen der ganzen gesunden Mehrheit der Nation
betrachten, da die constituirende Versammlung selbst in ihrer Proclamation vom 4. Febr. 1790 an die gesammte Nation es nicht einmahl wagte, daraus eine ausdrückliche Einwilligung der ganzen Nation zu folgern,
sondern dieselbe nur voraussetzte? Und welches Gewicht kann eine bloße
passive Einwilligung haben, wo der offenbare Widerspruch einzelner
Bürger so gefährlich war, und jener ganzen Landvogteyen und Provinzen durch die neue Eintheilung vielleicht nicht ohne Absicht unmöglich
gemacht ward?

läufig allen ihren Unternehmungen den Stempel der Ungültigkeit
auf 1). Und da sie Frankreich als ein Land ohne Monarchen,
ohne Regierungsform, ohne König, ohne Gesetze behandelten, und
von einer neuen Schöpfung und Wiedergebürt sprachen, versetzten
sie dieses Reich in den Zustand der halbwilden Völker, und ga-

C 2   ben

---

1) Die Constituirende Versammlung antwortete zwar in ihrer Proclamation
auf den Einwurf, daß sie ihre Vollmachten überschritten: „Wir waren
„ unstreitig gesandt um eine Constitution zu gründen! Dieß war der
„ Wunsch, dieß war das Bedürfniß von ganz Frankreich. Wie war
„ es möglich dieselbe zu schaffen, wie war es möglich, ein, auch noch
„ so unvollkommenes Ganzes von constitutionellen Entschlüssen zu ver-
„ fertigen, ohne die Vollmacht der Gewalt, welche wir ausgeübt haben?"
Allein hören wir anstatt dieser leeren Declamation, die mit großem Wort-
gepränge nichts beweist und im ewigen Zirkel herumgeht, die Geschichte der
Triebfedern der Constitution von einem Manne, der Augenzeuge und Theil-
nehmer der Revolution, Mitglied und Präsident der Versammlung war.
„ Von dem Augenblicke an, da man wußte, daß ein Deficit in den Fi-
„ nanzen vorhanden war und davon sprach, die Reichsstände zusammen
„ zu berufen, waren alle Blicke auf die Zukunft gerichtet. Jeder
„ berechnete die Begebenheiten nach seinem Interesse und
„ nach seinen Leidenschaften. Ehrgeiz und Haß hielten beyde die-
„ sen Augenblick für günstig. Die einen glaubten, daß sie während
„ der Convulsionen der Anarchie, sich würden der höchsten Gewalt be-
„ mächtigen, und die Gunstbezeugungen und Gnadengelder, welche
„ diese vormahls auszutheilen das Vorrecht hatte, würden an sich ziehen
„ können. Die anderen hatten einen Plan gefaßt, der viel leichter als
„ dieser auszuführen war: Sie wollten nähmlich allen Unterschied der
„ Stände aufheben, und alles, was ihren Neid rege machte, bis zu sich
„ herab erniedrigen. Sie wollten alles ebenen, alles durcheinander wer-
„ fen, sich mit Trümmern umgeben, und das Volk durch das Gift der
„ Ausgelassenheit berauschen, welches sie ihm unter dem Nahmen der
„ Freyheit darzubiethen vorhatten, um dann allein mitten im allgemei-
„ nen Freyheitsrausche einen wahren Despotismus auszuüben, und
„ durch die Wuth der Menge zu herrschen, welche das Werkzeug ihrer
„ Gewalt werden sollte." Und diese zwey Partheyen leiteten die Versammlung! Mounnier appel au tribunal de l'opinion publique.

ben demſelben jene rohe Verfaſſung, die in der Kindheit der Cultur beſtand, und die heut zu Tage jeden Staat von einigem Umfang an den Rand des Unterganges führen würde 1). Sie
ſchmei-

---

1) Dieſe Ausdrücke werden freylich den Verehrern der ehemaligen Franzöſiſchen Conſtitution übertrieben zu ſeyn ſcheinen. Allein bey der Geſetz-
gebung kommt es nicht auf ſchöne Worte und Sentenzen, ſondern auf
vollkommene Keantniß des Menſchen überhaupt, und der beſondern Bedürfniſſe jedes Landes an. Blendender Witz reißt zwar auf einen Augenblick zur Bewunderung hin, aber ein dauerhaftes Werk entſteht nur
durch kalte Vernunft und Erfahrung. Welchen Nutzen konnte man ſich
wohl von der unfruchtbaren Metaphyſik verſprechen, die überall ver-
breitet iſt, von ſcolaſtiſchen Abſtractionen, über welche die Deputirten
ſelbſt kaum einig werden konnten, von allgemeinen Grundſätzen, die
das Volk nicht verſtehen kann, oder irrig denken muß? Und wie unvoll-
kommen, wie wenig zuſammenhängend iſt der praktiſche Theil? Welche
Raſerey! ein zwar hie und da unbequemes, aber feſtes Gebäude nieder-
zureiſſen, ohne verſichert zu ſeyn, ein gleich feſtes erhalten zu können!
Wenn die Verſammlung die Stimme des Königs, und der laute Wider-
ſpruch des verſtändigern Theiles der Deputirten und der Nation ſelbſt
nicht abhalten konnte, hätte ſie doch ihr Orakel, Rouſſeau ſelbſt abſchre-
cken ſollen, der ihnen redlich vorher ſagte, daß, wenn einmahl die unge-
heueren Maſſen, welche die Franzöſiſche Monarchie ausmachen, erſchüttgt
würden, kein Menſch im Stand ſeyn könnte den gänzlichen Umſturz aufzuhalten, oder die ſchrecklichen Folgen zu überſehen, welche eine ſolche
Veränderung nothwendig hervorbringen muß. (Sur la Polyſinodie)
Der vorzüglichſte Beförderer derſelben, Hr. Necker ſagte den Franzöſiſchen
Geſetzgebern in ſeinem neueſten Werke über die vollſtreckende Gewalt in
großen Staaten, in das Geſicht, daß ſie nichts beſſers thun könnten
als ihr neues Luſtgebäude ganz wieder abzutragen. Die Baumeiſter
ſelbſt waren die erſten, welche den Rath befolgten, und ihr eigenes Werk
einriſſen, aber wie es ſcheinet, nur um noch ſchlechter zu bauen. Anſtatt
die neue Verfaſſung der alten monarchiſchen Form näher zu bringen, wie
es die ungeſtümme Lebhaftigkeit der Nation, der Stand der Cultur,
und der Umfang des Reiches erforderten, erklärt der neue Convent den
Staat

ſchmeichelten nach dem Beyſpiele aller Uſurpatoren dem Volke, um daſſelbe zu unterdrücken, eigneten ihm eine Art von Souverainität zu, um ſich ſelbſt dieſer zu bemächtigen, ſprachen von den Rechten des Menſchen, und ſchwiegen von deſſen Pflichten, und da ſie nach der Laune ihres ſtürmiſchen und verheerenden Ehrgeizes die Dolche der Meuchelmörder, die Fackeln der Mordbrenner lenkten, Vorurtheile und Leidenſchaften des großen Haufen nach Willkühr erweckten 1): erſchuffen ſie Hungersnoth und Uiberfluß,

um

___

Staat für eine Republick, und übergibt der Volksverſammlung jedes Bezirkes die conſtituirende Gewalt. Eine Republik von 24 Millionen Menſchen, wo jeder Bezirk die conſtituirende Gewalt hat, iſt wirklich die neueſte Erſcheinung in der Geſchichte, und der offenbarſte Beweis für die abſolute Unfähigkeit, oder Tollheit des hohen Nationalconventes. Für die erſten rohen Viſigothen, Burgundionen und Franken, welche ihre Germaniſchen Wälder mit Gallien vertauſchten, die weder Gewerbe und Künſte, weder Handel und Geld, weder große Ungleichheiten des Vermögens kannten, wo nur wenige Bedürfniſſe, folglich nur wenige Vorſchriften nöthig waren, wo es bloß darauf ankam, durch negative Geſetze augenblickliche Gewaltthätigkeiten abzuhalten, kurz für die Nationen in ihrer Kindheit war es freylich noch thunlich, daß alle Einzeln zur Mahlſtatt gezogen wurden, und daß Geſetze nur jenen binden konnten, der an der Abfaſſung derſelben Theil hatte. Aber eine ſolche Einrichtung bey einem übercultivirten Volke zu verſuchen, heißt wirklich die Nation auf die erſte Stufe ihrer Cultur zurückführen wollen.

1) Warum ſelbſt Männer von den obern Claſſen, warum ſelbſt ein ausgearteter Prinz von Geblüt an dieſen Gräuelthaten Antheil nahmen, erkläret Hr. Mounnier ſehr richtig. „Auf dieſe Weiſe, ſagt er, kann man ſich „nunmehr ſehr natürlich das Betragen einiger Männer erklären, welche „vormahls unter die Unterdrücker des Volkes gerechnet wurden, und das„ ſelbe mit beleidigender Inſolenz verachteten, heut zu Tage aber die „Grundſätze der unumſchränkteſten Demokratie vertheidigen. Man fragt, „was mag wohl ihre Abſicht ſeyn? Was mögen ſie wohl hoffen? Sie „lebten in einem erhabenen Range, ſie waren im Uiberfluſſe, ihre vor-

mahlige

um den Pöbel in Gährung zu setzen, zu verführen, und zum Werkzeuge seiner Herrschsucht zu bilden, und um das Maß ihrer Ruchlosigkeit voll zu machen, wußten sie es dahin zu bringen, daß ihre Schandthaten dem tugendhaften Monarchen selbst zur Last gelegt wurden, dem sie ihre Einberufung, folglich ihr Daseyn zu verdanken hatten 1).

Den König setzten zwar die gefährlichen Umstände, in welchen er sich befand, in Erstaunen, aber das traurige Schicksal, welches seinem Volke drohete, machte ihm allein Kummer. Alle seine Bemühungen dem Uibel zu steuern, waren fruchtlos. Neue Aufopferungen wesentlicher Rechte, welche die Nothwendigkeit zu fordern schien, und nicht nur alle Wünsche der schriftlichen Aufträge der Provinzen, folglich der ganzen Nation erfüllten, sondern diese selbst übertrafen, reizten nur den Herrschdurst einer cronenräuberischen Versammlung 2). Ganz Frankreich, durch die gröbsten Blendwerke verführet, stand plötzlich an einem und demselben Tage unter Waffen. Die Nation wähnte ihre Waffen gegen die Räuber zu führen, und die Räuber kehrten dieselben gegen ihren König 3). Von diesem Augenblicke an war die oberste

---

„ mahlige Aufführung läßt nicht erwarten, daß man sich vorstellen dürfe,
„ sie seyen großmüthig genug, um von keinen anderen Gesinnungen, als
„ von dem Enthusiasmus für das gemeine Beste geleitet zu werden.
„ Was wollen Sie denn? — Was sie wollen? Was sie zu erlangen
, hoffen? daß ihre sträflichen Cabalen unbestraft bleiben! dieses ist es
„ was sie wollen ec.

1) Als die von den Demagogen künstlich veranlaßte Theuerung, das Volk in Wuth setzte, wälzten sie die Schuld auf die Minister und den König; und als der Pöbel in der Nacht vom 5 bis 6ten October den Pallast von Versailles stürmte — verlangte er Brod.

2) Erklärung des Königs vom 23. Junius 1789.

3) Den 26. Julius 1789. Bestimmter wäre es vielleicht gesagt: als durch die

fie Gewalt vernichtet. Die unstreitigen Besitzungen und Rechte der ersten zwey Stände wurden aufgeopfert, um die mörderische Wuth der Verschwornen zu nähren. Der Unterschied der Stände hörte auf 1). Der König selbst und dessen Brüder verloren, die

---

die Empörung des Pariserpöbels die Bastille von den Verschwornen eingenommen ward, schickten sie Couriere in alle Provinzen an ihre Anhänger, um überall die Sturmglocken zu läuten, dem Volke die Ankunft von Räubern und fremden Truppen anzukündigen, und Bürger und Bauern zu einer tapfern Gegenwehr zu ermahnen. Nun setzten sich alle Bauern und Bürger unter Waffen, und als die Räuber nicht erschienen, kehrten sie dieselben gegen die Edelsitze, und königl. Festungen und Zeughäuser, und die Mord- und Brandscenen von Paris wurden durch das ganze Reich nachgeahmet.

1) Den 4. August 1789 und 17. Junius 1790. Und zwar mit einer so hastigen Eile, daß eben die Versammlung, welche 2 Monate mit Untersuchung der Vollmachten, und viele Wochen mit metaphysischen Spitzfindigkeiten zugebracht hatte, in dem Freyheitsrausche einer Abendsitzung durch bloßes Zustimmen die Privilegien des Adels in Rücksicht der Steuerfreyheit, alle Lehen und Grundrechte, Frohndienste, persönliche Dienstbarkeiten und Grundzinse, Zehenten, Jagd- und Fisch-Gerechtigkeiten, und alle Vorrechte der Provinzen und des geistlichen Standes aufhob, ohne nur zu bedenken, daß sie zu einer so eigenmächtigen Freygebigkeit von ihren Committenten keine Vollmacht hätte, und daß durch diese unerhörte Ungerechtigkeit beynahe so viele Unglückliche gemacht wurden, als wenn sie einen Nationalbankerott erklärte. Diese Nachthandlung, von welcher selbst die Geschichte des Asiatischen Despotismus kein Beyspiel zählt, war aber auch die Belohnung des Volkes für die Meutereyen und Aufstände, welche die Revolution so sehr beförderten. Denn als die Versammlung eine Schilderung aller Gräuel erhielt, welche seit der Wiedergeburt der Nation das Reich von einem Ende zum andern verheerten, und Herr Target einen Plan zu einer Proclamation an das Volk vorlas, stand der Vicomte von Noailles auf, und behauptete, man müßte durch Thatsachen beweisen, daß man wirklich für das Volk etwas zu thun gesinnet seye, bevor man Ordnung verlangte. Die Abendsitzung

die Güter ihres Hauses, welche bey Erhebung desselben auf den Thron mit der Crone vereiniget wurden 1). Die Parlamente, die

---

situng vom 19. Junius 1790 schaffte mit eben so viel Ulberlegung den erblichen Adel, und alle Titulaturen und Wappen ab. Es war aber auch die Nacht, wo die Versammlung die Glückwünsche zu ihren herrlichen Bemühungen für die Menschheit von den Abgesandten der Araber, Chaldäer, Preussen, Pohlen, Engländer, Schweißer, Deutschen; Holländer, Schweden, Italiener, Spanier, Americaner, Indianer, Syrier, Brabanter, Lütticher, Avignoner, Genfer, Sardinier, Graubündter und Sicilianer unter Anführung des Anacharsis Cloß erhielt, die durch die Operngarderobe auf einmahl von Sesselträgern in Großbothschafter verwandelt wurden, und der Assemblee den Kopf schwindeln machten.

2) Den 5. November 1789. Es scheint wirklich nicht ungegründet zu seyn, was den meisten Mitgliedern aller 3 Versammlungen schon mehrmahl vorgeworfen worden, daß sie nicht nur in Geschäften ganz unwissend, sondern auch in der Geschichte und zwar selbst jene ihres Vaterlandes nicht ausgenommen, beynahe Fremdlinge seyen. Sonst wäre es unbegreiflich, daß selbst von der königlichen Parthey Niemand aufstand, um seinen Landesleuten die Verbindlichkeiten in das Gedächtniß zurück zurufen, welche Frankreich dem gegenwärtig so mißhandelten Königshause schuldig ist. Als der Stifter desselben Hugo Capet im Jahre 987 auf den Französischen Thron erhoben ward, gehörte ein großer Theil des heutigen Frankreichs zu Spanien, Burgund und Deutschland. Der König selbst besaß nichts als die Stadt Laon. Alles Ulbrige war in den Händen von Vasallen, die größtentheils mächtiger als der König, dessen Befehle nur befolgten, wenn sie ihre Rechnung dabey fanden. Die königliche Würde zog daher einen weit größeren Vortheil von den Capetingern als diese von der königlichen Würde. Sie machten ihre Familienherrschaften die Grafschaften Paris und Orleans und das Herzogthum Isle de France zu Domainen der Crone, und Paris, die ehemahlige Hauptstadt ihres Familienherzogthumes zur Hauptstadt des Reiches, welches zur Zeit, als sie den Scepter erhielten, keine hatte. Paris hätte sich daher erinnern sollen, daß es vormahls zu den Familienherrschaften von Capet-Bourbon gehörte, und daß es bloß durch die

die Gerichtshöfe, die Stände der Provinzen, alle diese politischen Cörper, die beynahe so alt waren, als die Monarchie selbst, welche diese aufrecht hielten, und wechselweise mäßigten, welche den Völkern für die Gerechtigkeit des Monarchen Bürgschaft leisteten, wie diesem für die Treue seiner Unterthanen: wurden unter den Trümmern

---

die Gnade der Könige dieses Hauses die Hauptstadt des Reiches geworden. Nur durch diesen neuen Zuwachs von Kräften ward der Thron in den Stand gesetzt, die Herrschaft über die Vasallen zu gründen, die Bürgerclasse zu bilden, und einen Rang unter den Europäischen Staaten zu behaupten. Das Haus Capet theilte sich wie bekannt in 3 Linien, und jede derselben hatte besondere Verdienste um die Erhaltung, innere Einrichtung, und Vergrößerung des Reiches. Ohne die Tapferkeit der Capets und Valois stand Frankreich auf dem Puncte in eine Normannisch-Englische Provinz verwandelt zu werden, und ohne den thätigen Widerstand der Bourbons würde Frankreich der Uibermacht Spaniens haben unterliegen müssen. Die Capetinger brachten die meisten großen Herzogthümer an die Crone, die Valois den größten Theil des Reiches von Arles, und die 3 Bisthümer, die Bourbons Elsaß, einen Theil der Niederlande und Lothringen, welches Land die Carolinger umsonst versucht hatten dem Deutschen Reiche zu entreißen. Kurz der Französische Staat hat sein Daseyn, seine Ausdehnung, seine innere Stärke, seine politische Bedeutenheit, ja selbst seine Erhaltung unter so vielen auswärtigen und einheimischen Gefahren ganz allein dem Hause zu verdanken, das nun auf eine so lächerliche Art gehasset wird, und der monarchischen Regierungsform, welche man gegenwärtig abgeschaffet wissen will. Oder sind etwa nicht die Fortschritte der Nation im gesellschaftlichen Leben, ihre Manufacturen, ihr Handel, ihre glänzende Periode in Künsten und Wissenschaften eben so gut das Werk der Könige, und der Monarchie, als ihre glücklichen Vergrößerungen, und hätte Frankreich je hoffen dürfen, sich auf eine so hohe Stufe von Wohlstand, und Ansehen zu erheben, wenn dieser Staat von jeher durch stürmische Versammlungen, rasende Demagogen, und einen unsinnigen Pöbel beherrschet worden wäre, oder etwa gar sich selbst in ein feindseliges Staatensystem getrennet hätte?

D

nern des Thrones begraben. Die Religion selbst traf bald das allgemeine Loos der Zerstörung. Ihr Eigenthum wurde verschlungen, ihre Altäre umgestürzet, ihre Tempel entheiliget, verkauft oder niedergerissen, ihre Diener verfolgt, zur traurigen Wechselwahl zwischen ihrem Gewissen, oder dem Tode, zwischen einer schimpflichen Strafe und dem Meineide verdammet, und oft mißhandelt und gemordet, wenn sie nicht strafbar werden wollten 1).

Auf diese Art stritt eine gottlose Rotte mit dem Himmel selbst, erniedrigte jede Religion, indem sie sich die Miene gab, alle zu dulden, und mißbrauchte diese allgemeine Duldung zum Looszeichen, alle zu zerstören, und alle zugleich mit Verachtung zu brandmarken. An ihre Stelle setzte sie eine politische Freygeisterey auf den Thron, ohne Trost für Unglückliche, ohne abhaltende Beweggründe für die oberen Classen, ohne Zaum für den Pöbel. Die Ruchlosigkeit selbst wurde allgemein geduldet, angefeuert, belohnt. Man machte den Aufstand zur heiligsten Pflicht 2). Man verordnete feyerliche Staatsfeste für die niedrigsten und schändlichsten Verbrecher 3), und gestattete alle Laster im Nahmen des Vaterlandes

---

1) Die gemeinschaftlichen Bemühungen der Afterphilosophen, Jansenisten, und Reformirten die herrschende Religion in Frankreich zu stürzen, sind mit lebhaften Farben geschildert in folgendem Werke: Bericht an Frankreichs Katholiken über die Mittel, wodurch die Nationalversammlung die katholische Religion in Frankreich zu vernichten sucht, von Heinrich Alexander Audainel, wovon ich abe bloß die deutsche Uibersetzung in Händen habe.

2) Ein Grundsatz, den Hr. La Fayette in Vorschlag brachte, und die Nationalversammlung annahm.

3) Den Soldaten von Chateau Vieux, die von den Galeeren kamen, den Meuchelmördern von Avignon, von Nisme, von Arles, den Helden der Bastille, den Mordbrennern vom 10. August 1792 2c. 2c.

des 1). Ganz Frankreich schwamm in Blut: Von seinen Schlössern und Pallästen waren nur die Brandstätten übrig, und der Ausländer warf einen Blick des Entsetzens auf ein Reich, das vorhin wegen seiner Gesetze, seiner sanften Sitten, seiner feinen Höflichkeit, seines Wohlstandes und vorzüglich wegen der Treue gegen seine Könige so berühmt war, und das nun durch eine schaudervolle Revolution in den Sitz der Zwietracht, der Proscriptionen, Verweisungen, Mordbrennereyen, Metzeleyen, Verwüstungen und der Straflosigkeit aller Schandthaten verwandelt ward 2).

D 2   In

---

1) Die gänzliche Zerstörung der Religion, der Ordnung, der Sittlichkeit in Frankreich muß die Urheber derselben in den Augen der ganzen Welt mit Schande brandmarken, und jeder Menschenfreund wird die Blindheit der unglücklichen Verführten bedauern, die sich von diesen moralischen Ungeheuern leiten lassen. Man sehe nur, wie selbst Männer, die an der Revolution Antheil hatten, und dadurch etwas Gutes zu bewirken hoffen konnten, über diesen Geist der Versammlung sich ausdrücken. In Lalp-Talendals Briefen, in Mounnier exposé de la Conduite, in von Türkheims Bericht an die Gemeine von Straßburg.

2) Am 7. August 1789 machten sämmtliche Minister im Nahmen des Königs folgendes Gemählde von dem Zustande des Reiches. Ordnung und öffentliche Sicherheit sind überall zerstöret. In den Provinzen ist das Eigenthum nicht mehr sicher. Mordbrennerische Hände verwüsten die Wohnungen der Einwohner, und statt der Formen der Justiz herrschen Ermordungen und Proscriptionen. An einigen Orten hat man so gar die Aerndten bedrohet, und das Volk bis in seinen künftigen Hoffnungen verfolgt. Wohin man seine Räuber senden kann, dahin sendet man Furcht, Schrecken und Unruhe. Die Ausgelassenheit hat keinen Einhalt, die Gesetze sind ohne Kraft, die Gerichtshöfe ohne Thätigkeit. Jammer und Elend bedecken einen Theil von Frankreich und banges Schrecken herrscht über das Ganze. Handlung und Betriebsamkeit stehen stille, und sogar die Zufluchtsörter der Gottesfurcht sind nicht mehr vor Mördern sicher. — Und die Nationalversammlung schritt zu einer metaphysischen Untersuchung über die Rechte des Menschen!

In dem unerſättlichen Feuereifer jene angemaßte Volksſou-
verainität auszuüben, ſuchte jeder zu herrſchen, und ſich in die
traurigen Uiberreſte der oberſten Gewalt zu theilen. Daher jene
zahlloſen Verſammlungen der Wahlherren, Municipalitäten,
Cantons, Diſtricte und Departements 1). Daher jene unglücklichen Glückstöpfe, aus welchen der Partheygeiſt ſo ſchändliche
Wahlen ſchöpfte. Daher jenes allgemeine Lotto aller Plätze und
öffentlichen Aemter, wo die Gewalt, der Betrug, und der Un-
glaube beynahe alle Treffer zog 2). Daher jene Geſellſchaften und
Clubs der Verſchwornen, wo erhitzte Köpfe durch Verfolgung,
und die Picken des Pöbels Rechtſchaffenen Stillſchweigen aufle-
gen,

---

1) Durch dieſe Anordnung werden nicht nur die Triebfedern der Staats-
maſchine ohne Noth vervielfältiget, folglich die vollſtreckende Gewalt
gelähmt, und der Gang der Geſchäfte erſchweret, ſondern, da alle
dieſe neuen Magiſtrate ordentliche Beſoldungen erhielten, wurde auch
gerade in dem Zeitpuncte die Verwaltung weit koſtbarer gemacht; als bey
der gänzlichen Zerſtörung der Finanzen die höchſte Oekonomie nöthig ge-
weſen wäre. Uiberdieß hat ſchon Herr v. Calonne ſehr richtig bemerkt, daß
da nach der Conſtitution die Wahlherren auf eine gewiſſe Art das letzte Rad
der Maſchine waren, dieſe ſehr leicht die ganze Regierung an ſich reiſſen, und
Frankreich in eben ſo viele kleine Ariſtokratien trennen konnten, als Verſammlungen der Wahlherren beſtehen. Dieſe gänzliche Auflöſung des
Franzöſiſchen Staatscörpers muß durch die Anordnung des neueſten Franzöſiſchen Staatsrechtes noch weit gewiſſer erfolgen, ſeitdem die Volks-
verſammlungen der Diſtricte ihre Wünſche unmittelbar ausdrücken dürfen,
und folglich auf eine gewiſſe Art an die Stelle der Wahlherren geſetzt
ſind, und dieſe primären Verſammlungen aus dem unwiſſendſten und
tollkühnſten Pöbel allein beſtehen, weil alle Güterbeſitzer als Ariſtokra-
ten daraus verſcheuet worden.

2) Man erinnere ſich nur aus der Geſchichte, welche Unordnung, Partheyung und Mordſcenen das Wahlrecht in den Händen eines verdorbenen
und beſtechbaren Pöbels in den letzten Zeiten der Römiſchen Republik nach ſich zog!

gen, und dieselben mit sich fortreiffen 1). Daher jene Gallerien,
welche die usurpatorische Versammlung beherrschen, und die lä-
cher-

---

1) Der Einfluß der besonderen Gesellschaften, und Clubs in Frankreich ist zu
bekannt, als daß er einer näheren Erläuterung bedürfte. Aber vortrefflich
und weniger bekannt ist der Gedanke des Hrn. de Pange, die Grundsätze
über besondere populäre Gesellschaften, welche gegenwärtig in Frankreich angenommen sind, mit jenen der alten Römer über eben diesen
Punct zu vergleichen. Er führt die Stelle des Livius an L. 39. c. 15.
wo er nach Erzählung der Aufhebung der geheimen Gesellschaft der Bacha-
nalien dem Consul an das versammelte Volk folgende Stelle in Mund
legt: Nur in den von dem Gesetze vorgeschriebenen Fällen, und
wenn das Zeichen vom Capitol gegeben wird, seyd ihr berechtiget, euch auf den öffentlichen Plätzen zu versammeln.
Eure Vorältern wollten es nicht, daß ihr euch unvorsichtig
und ohne Ordnung zusammen rotten könntet, und sie hielten
dafür, daß überall, wo die Menge sich versammelt, eine öffentliche Magistratsperson sich befinden müsse, um Führer
und Mäßiger derselben zu seyn. Was uns anbelangt, fährt Hr.
de Pange in satyrischem Tone fort, so achten wir die Meinung von dem
großen Haufen mehr. Wir unterwerfen sie nicht der Oberaufsicht
der Magistratspersonen und finden es schicklicher, daß diese von ihm
bewachet werden. Da wir dieses dem Römischen so entgegen gesetzte
System annahmen, so geschah es ohne Zweifel, weil unser Volk ernst-
hafter in seinen Sitten, und ruhiger in seinen Berathschlagungen ist.
So geschah es, weil bey uns des Volks Zusammenlauf noch niemahls
die öffentliche Sicherheit gestöret, noch die öffentliche Ehre verletzet hat,
und nie für einen Bürger von traurigen Folgen war. So geschah
es, weil alle diese Gruppen, ohne die der Jacobiner auszunehmen,
keine besseren Führer als ihre Einsichten, keine gerechteren Mäßiger
als ihre Tugenden haben können: So geschah es, weil wir nach dem
Ausdrucke des Hrn. Basire alle philosophirt sind. Dieser Aufsatz stand
in dem vortrefflichen Journal von Paris, welches ich leider nicht bey
Handen habe, und dessen Unterbrechung ein wahrer Verlust für die Geschichte der Französischen Revolution ist. Ich sah mich daher gezwungen
diese Stelle aus des Hrn. v. Archenholz Minerva Julius 1792 zu nehmen.

cherliche Thorheit der Nationalverſammlung ſelbſt, welche zu
herrſchen wähnt, während ſie knechtiſch der Freyheitswuth ge-
horchet, und durch die wetterlauniſchen Leidenſchaften des großen
Haufen unterjochet iſt 1).

Dieſe allgemeine, ſyſtematiſche, mit ſo viel Kunſt und
Verſchlagenheit angelegte Anarchie überlieferte in allen Gegen-
den des Reiches viele tauſend unſchuldige Bürger dem Mord-
ſtahl, und ganze Städte und Provinzen ohne Barmherzigkeit einer barbariſchen Rache 2). Man durfte nur verdächtig gemacht werden,

---

1) Die Unbändigkeit der Gallerien, und ihr unverſchämtes Betragen gegen
die wahrhaft patriotiſchen Glieder beyder Nationalverſammlungen ſind
noch in friſchem Andenken. Aber ſie gehörten einmahl zur Tactik der
Rottirer, und erhielten von denſelben ordentlichen Sold. Der gewöhnliche Taglohn bey der conſtituirenden Nationalverſammlung war 40
Sous für den Tag, jene, die das Loszeichen zum Auszischen, oder Aus-
klatſchen auf einen verabredeten Wink geben mußten, bekamen 3 Liv-
res. Bey außerordentlichen Theaterſtreichen erhielt jeder Acteur 10
Thaler und eine gute Mahlzeit. Am Tage nach der berufenen Farce der
Erſcheinung der Geſandten von allen Völkern der Erde hatte der Herzog von
Liancour die Auszahlung. Einer der Acteurs verwechſelte dieſen Rah-
men mit jenem des Hrn. v. Biencour und foderte von dieſem das Geld.
Als derſelbe ſich weigerte, die 10 Thaler zu bezahlen, verſetzte der Fodern-
de: Ey mein Herr ich bin ja der nähmliche, der geſtern den
Africaner vorſtellte! Audainel l. c.

2) Herr Mounnier kläret es ſehr ſchön auf, warum ſowohl die Orleani-
ſche Parthey, als die Raſende, oder Demokratiſche planmäßig an einer allgemeinen Anarchie arbeiteten. " Die Anführer beyder Parthey-
„en, ſagt er, mußten ſich nothwendiger Weiſe derſelben Mittel bedienen.
„Die eine Parthey ſowohl als die andere konnte ihren Endzweck nicht an-
„ders als durch eine verſtellte Popularität erreichen, die gewöhnliche
„Hülfe derjenigen, welche zu tyranniſiren ſuchen. Die eine Parthey
„ſowohl als die andere hatte ein gleich ſtarkes Intereſſe, den Monar-
„chen ohne Vertheidigung zu laſſen, ſeine treuen Garden zu zerſtören,
„ein

den, um verloren zu seyn, nur mäßig denken, um strafbar zu scheinen, nur noch etwas besitzen, was die Habsucht reizen konnte, um als ein Feind des öffentlichen Wohles zu gelten 1). Mit einem Worte, in diesem Meere von Angaben, die aufgemuntert, bezahlet, verordnet wurden: in diesem Abgrunde von Untersuchungscommissionen, Clubs, Versammlungen aller Art und Nationalgefängnissen, wo die getreuen Unterthanen durch den Despotismus der Demagogen willkührlich eingesperret, und von den durch die Rottirer gewählten Richtern weder verurtheilet wurden, da sie dieselben nicht verdammen konnten, weder losgesprochen, weil jene selbst die Wuth des Pöbels zu fürchten hatten 2): in diesem Wirbel, in diesem Rausche aller zugleich in

Be-

„ein Militär zu schaffen, welches seinen Befehlen nicht unterworfen „seyn würde, das wüthende Volk gegen alle diejenigen aufzuwiegeln, „welche sich mit dem Throne verbanden, und die Ausgelassenheit zu be- „günstigen, unbekümmert ob auch Frankreich mitten in der Anarchie um- „komme! Eine dieser Partheyen (jene des Herzogs von Orleans) „wollte anfangs das königliche Ansehen nicht ganz vernichten. Man „sucht dasjenige nicht zu vernichten, was man zu rauben wünscht. Aber „da ohne den Beyfall des großen Haufen nichts geschehen konnte, so „sah sie sich genöthiget, an vorgeblichem Eifer für das Beste des Volkes „es der demokratischen Parthey gleich zu thun. Diese hat das, was jene „that, zu nützen gewußt. — Das, was ich so eben gesagt habe, grün- „de ich auf Thatsachen, welche jedermann bekannt sind 2c. — Man hat „gesehen, wie sie den Pöbel allmählich und stufenweise zu Gräuelthaten „verleitet haben, von welchen man nicht hätte erwarten sollen, daß sie in „unserem Jahrhunderte Europens Annalen beflecken würden! — Moun- „nier appel au tribunal de l'opinion publique.

1) Es ist wirklich so weit gekommen, daß heute in Frankreich die Wörter Volksfeind, Aristokrat, und Eigenthümer, oder Güterbesitzer gleich bedeutend geworden sind, wie Archenholz in seiner Minerva Julius 1792 als Zeuge aussagt.

2) Und dieses ist nur ein schwaches Bild des gegenwärtigen republicanischen

Bewegung gesetzten Leidenschaften des großen Haufen, war die Tugend allein ein Verbrechen, das rechtmäßige Eigenthum allein

schen Zustandes von Frankreich, wo seit dem 2. Sept. dieses Jahres die Gefangenen, ohne überwiesen, ja so gar ohne verhöret worden zu seyn, den Mordgewehren eines blutdürstigen Pöbels Preis gegeben werden, und man täglich auf bloße willkührliche Verordnungen der Partheyen die Gefängnisse mit neuen Schlachtopfern anfüllt. Und doch wollen die neuen Gesetzgeber Frankreichs ihren Landsleuten vorspiegeln, die republicanische Form allein könnte sie glücklich machen, und unter diesen Leute, die einst in einem ganz andern Tone gesprochen. Eben der reformirte Prediger und Volksschriftsteller Rabaud de St. Etienne, der sich noch vor dem Nationalconvente als den eifrigsten Republicaner in allen öffentlichen Blättern des Reiches erklärte, sagte am 31. August 1789 in der constituirenden Nationalversammlung: "Ich kann unmöglich glau-„ben, daß jemand in dieser Versammlung auf den ungereimten Gedan-„ken fallen könne, das Reich in eine Republik verwandeln zu wollen. „Jedermann weiß, daß die republicanische Regierungsform kaum für klei-„ne Staaten taugt, und die Erfahrung hat gelehrt, daß jede Republik „in eine Aristokratie, oder in den Despotismus übergeht. Außerdem ha-„ben die Franzosen von jeher die heilige und ehrwürdige alte Monar-„chie geliebt, und für dieselbe selbst ihr Blut vergossen. Sie verehren „den wohlthätigen Fürsten, den sie als Wiederhersteller der Französischen „Freyheit ausgerufen haben. Die Französische Regierungsform ist dem „zufolge monarchisch. Ich verabscheue den Despotismus, und schon „die bloße Idee des ministeriellen Despotismus macht mich zittern; aber „der Despotismus der Aristokratie, von welcher Art sie auch sey, und wo „sie sich auch befinde, scheint mir der unerträglichste von allen. Einem „Despoten kann man durch Entfernung entgehen. Man sieht wenigst die „Hand nicht, welche die Ketten schmidet, und den ersten Ring derselben „hält: aber der aristokratische Despotismus drückt an allen Orten, und „auf alle Menschen gleich stark, und seine beständige gehässige Gegenwart, „erweckt Bitterkeit und reizt die Rachsucht. — Von dem Volksdespotis-mus wagte der reformirte Prediger schon damahls nicht zu sprechen, aber wer fühlt, fühlet, und empfindet nicht, daß er der drückendste von allen sey?

lein Usurpation, und alles Souverain bis auf den Souverain
selbst 1).

Daher erfrechte sich der Sprecher der Rottirer, der Maire
von Paris, seinem Könige und Herrn dreust in das Gesicht zu
sagen: das Volk habe Ihn erobert 2): Ja wohl erobert! denn
wirklich hielt der Pöbel den Monarchen in seinem eigenen Reiche
gefangen, und dieser unglückliche Fürst hat vielleicht die Rettung
seines Lebens bloß der gezwungenen, aber heilsamen Flucht eines seiner Brüder, und der Prinzen vom Geblüte zu verdanken.

Indessen ließ man dem Monarchen und der Monarchie
wenigst dem äußeren Scheine nach ihr Daseyn 3). Aber sobald
sich Seine Christlichste Majestät über einige gehässige und uner-
träg-

---

1) Man sehe des tugendhaften Andre Chenier, der mit seinem Jacobinischen Bruder Joseph Marie Chenier nicht verwechselt werden darf, vor-
treffliche Bemerkungen, über die neuesten Intriguen der Französischen
Demagogen, welche Archenholz aus dem Journal von Paris in sein 7.
Stück der Minerva aufnahm.

2) Er nannte auch den 6. October einen schönen Tag, an welchem der
beste König von jedermann verlassen, und nur durch seinen edlen Muth
allein unterstützet, mitten unter auf Stangen getragenen Köpfen seiner treuen Garden, lärmenden Mördern, bachantisch tanzenden Weibern,
mitten unter Flintenschüssen, die in den Wagen der Königinn geschahen,
unter dem kannibalischen Geschrey eines rasenden Pöbels nebst seiner
Familie nach seiner Hauptstadt in ein glänzendes Gefängniß geführet
ward. Von Türkheims Bericht an die Gemeinde von Straßburg ver-
glichen mit Laly-Tolendals Schreiben.

3) Der Schein der königlichen Gewalt, sagt Mounier, mußte anfangs
von den Verschwornen beybehalten werden, um das Volk zu befriedigen, welches ungeachtet aller Aufhetzungen noch dem Könige anhieng,
aber man riß alles weg, worauf sich die königliche Macht gründet. Appel
au Tribunal de l'opinion publique.

C

trägliche Decrete bloße einfache Anmerkungen erlaubte 1), wurde
die schwärzeste Verschwörung angezettelt. Ein großer Haufe der
Rottirer zog nach Versailles: der königliche Pallast wurde mit
stürmender Hand eingenommen: der König, die Königinn 2), die
ganze königliche Familie waren unerhörten Mißhandlungen und
Gewaltthätigkeiten ausgesetzt. Allein der gute König dachte nur
auf Schonung des Blutes seiner Unterthanen, und seine Thränen, die er seinem eigenen Unglücke versagte, floßen allein für
die großmüthigen und treuen Garden 3), die an den Stufen
seines Thrones unmenschlicher Weise ermordet wurden. Die
Vorsicht, welche über die Tage der Könige und Völker wacht,
rettete endlich den König, die Königinn und die Durchlauchtigste
Fami-

---

1) Diese Bemerkungen treffen insbesondere die Bekanntmachung der Rechte
des Menschen und des Bürgers. Uiber ihre Bekanntmachung der Rechte des Menschen und des Bürgers, sagte der König, erkläre ich mich
nicht. Sie enthält recht gute Maximen, welche ihnen bey ihren künftigen Arbeiten zur Richtschnur dienen können. Aber der Werth von
Grundsätzen, die so verschiedener Anwendungen, und so mannigfaltiger
Erklärungen fähig sind, kann nicht eher richtig beurtheilet werden, und soll
es auch nicht eher, als bis zu dem Zeitpuncte, wo ihr wahrer Sinn
durch die Gesetze bestimmet seyn wird, denen sie zur Grundlage dienen
sollen. — So gemäßigt und klug auch diese Antwort des Königs war,
wurde doch die pedantische Eitelkeit der neuen Schulregenten von Frankreich beleidigt, Mirabeau rufte auf, die Nationen müssen Schlachtopfer
haben, und die Verschwornen ergriffen davon einen Vorwand zu ihrem
schändlichen Complotte.

2) daß die Dolche der Meuchelmörder auf das Leben der Königinn gerichtet
waren, beweiset juridisch das Zeugenverhör in der Procedure cri-
minelle du Chatelet de Paris.

3) Welchen Edlen gewiß jedes fühlende Herz eine Thräne des Mitleides
und der Bewunderung zollt, daß sie sich mit einer beyspiellosen Aufopferung in die Mordgewehre der Banditen warfen, um der königlichen
Familie zu ihrer Rettung Zeit zu verschaffen.

Familie aus dieser furchtbaren Verschwörung, und wenn die Urheber der Mordnacht vom 5 — 6ten October bis jetzt einer gehässigen Straflosigkeit genossen, verschob wahrscheinlich die göttliche Gerechtigkeit ihre verdiente Strafe bloß in der Absicht, um den übrigen Souverainen, welche sämmtlich in der Person Ihrer Christlichsten Majestäten beleidiget wurden, Gelegenheit zu verschaffen dieselbe auf eine auffallende und unvergeßliche Art zu verhängen 1).

Als der König dieser augenscheinlichen Gefahr entgangen war, dachte er endlich auf Mittel sich von einer Gefangenschaft zu befreyen, in welcher er so widerrechtlich schmachtete, und seine geheiligte Person durch die Verlegung der Residenz nach der Gränze des Reichs sicher zu stellen. Er hoffte in diesem neuen Aufenthalte weit leichter die verirrten Unterthanen zu ihren Pflichten zurückzuführen, und die Monarchie zu retten 2). Zugleich

C 2   er-

---

1) Diese Gräuelthaten erweckten selbst den Unwillen vieler rechtschaffenen Deputirten so sehr, daß eine Anzahl von 300 die strafbare Versammlung verließ, und einige derselben (Mounnier, Lalp-Tolendal, Türkheim) so gar ihren Abscheu öffentlich bekannt machten. Wäre ich länger, sagt Mounnier, in der Versammlung geblieben, und hätte ich stillgeschwiegen, was für eine schreckliche Marter würde es dann nicht für mich gewesen seyn, dem Verbrechen die Belohnung der Tugend zuzusprechen, alle Gräuel des fünften und sechsten Octobers als Heldenthaten loben, feige Ermordung Muth, und den unerträglichsten Despotismus Freyheit hören zu müssen: Und auf diese Weise, indem man den unerhörtesten Schandthaten einen Anstrich von Tugend gibt, ihre Urheber aufmuntern zu sehen, dieselben zu wiederhohlen, und das Volk sich von neuem verleiten zu lassen, so bald jene sich desselben wieder zum Werkzeuge ihrer traurigen Plane zu bedienen für gut finden möchten.

2) Dieser Behauptung des Königs wagten die Rottirer selbst nicht zu widersprechen. Es waren zu Montmedy bereits die Zimmer zur Aufnahme der königlichen Familie eingerichtet, und wenn nicht nach der Laune und Tollkühnheit der Partheyen, sondern nach dem Bedürfnisse der gegenwär-

erklärte der König bey diesem Schritte, den die erste der Pflichten, die Selbsterhaltung, nothwendig machte, alle Handlungen als ungültig, zu welchen er während der Gefangenschaft seinen Nahmen hergeben mußte 1). Allein die Vorsicht, welche oft aus einem höheren Endzwecke die ausgedachtesten Entwürfe durchcreuzet, erlaubte nicht die Ausführung eines für Frankreichs Wohlfahrt so günstigen Entwurfes. Eine ehrlose Stadt 2), deren Nahmen die Nachwelt nur mit Abscheu aussprechen, und deren gerechte, und fürchterliche Bestrafung allen rebellischen und pflichtvergessenen Städten zum abschreckenden Beyspiele dienen wird, welche ihre strafbare Raserey so weit treiben sollten, in ihre

gegenwärtigen Lage Frankreichs künftiges Schicksal entschieden werden sollte, war es nöthig durch eine neue, gesetzmäßige, und ordentlich bevollmächtigte Deputation eine neue Untersuchung anzustellen, und um dieser Untersuchung die nöthige Freyheit zu verschaffen, die Deputirten dem Mordmesser des Pariserpöbels zu entziehen. Selbst die populärsten Mitglieder der letzten gesetzgebenden Versammlung und des gegenwärtigen Nationalconventes sind gezwungen das traurige Bekenntniß ihrer Lage abzulegen, und in Proclamationen, und öffentlichen Reden ihre Abhängigkeit von den Pariserrotten einzugestehen. Allein nun stehet es nicht länger in ihrer Macht das verführte Volk zurückzuhalten, und sie werden wahrscheinlich ein Opfer seiner Wuth werden.

1) Schreiben vom 20. Junius 1791, welches Seine Majestät bey Ihrer Abreise zurückliessen. Die Rottirer suchten zwar das Vorurtheil zu verbreiten, daß der König durch seine Protestation und Entweichung den vorigen Erklärungen und dem Eide vom 4. Febr. 1791 entgegen gehandelt habe. Allein man sehe Hrn. Neckers Werk du Pouvoir Executif dans les grands états, wo sehr treffend erwiesen wird, daß der König unmöglich seinem ersten gewiß aufrichtigen Eide für die Constitution zu nahe treten konnte, da die Decrete, welche die königliche Würde vernichteten, und gegen die der König protestirte, erst nach dem 4. Febr. erlassen wurden. Die Falschheit ist also ganz von Seite der Versammlung.

2) Varennes.

re Fußstapfen zu treten, und sich an der Freyheit ihres Königs
zu vergreifen, diese Stadt war frech genug, ihren König gefangen zu setzen. Er konnte durch ein einziges Zeichen dieses Hinderniß heben, allein es hätte Blut vergossen werden müssen, und
Seine Allerchristlichste Majestät haben bey allen Gelegenheiten
hinlänglich bewiesen, daß Sie weit lieber sich selbst in gewissen
Tod stürzen, als das Leben ihrer Unterthanen auf die Spitze
stellen wollten ₁). Zur Vergeltung einer so außerordentlichen
Volksliebe, Großmuth und Seelengröße wurde der unglückliche
Monarch, unter tausend Gefahren und Mißhandlungen, gleich einem gemeinen Verbrecher, in seine eigene Residenz gefangen zurück geführet ₂), in seinem Pallaste bewachet, von einer Versammlung rebellischer Unterthanen seiner Würde entsetzet, obgleich keine
Macht auf der Erde ein so ehrloses und verruchtes Urtheil auszu-
sprechen berechtiget seyn kann, und endlich zur traurigen Wechselwahl verdammt, entweder dem Throne zu entsagen, oder die erniedrigenden Bedingungen einzugehen: das heißt zur Wechselwahl,
zwischen einem bürgerlichen Kriege, der Frankreich in eine öde Grab-
stätte verwandelt hätte, und zwischen der Annahme einer Constitution, welche der niedrigste Pöbel einem Haufen Meineidiger ohne
Vollmacht aufgedrungen hatte, die mitten unter Mordgewehren,

Brand-

₁) Er durfte nur der Reuterey, die ihn begleitete, erlauben, mit dem
Schwerte in der Hand die wenigen Nationalgarden zu zerstreuen.

₂) Die Nationalversammlung begleitete diese Zurückführung absichtlich mit
den erniedrigendsten Umständen, um das königliche Ansehen recht tief
herabzusetzen, und es ist gar kein Zweifel mehr übrig, daß hier das Ue-
bergewicht der republicanischen Parthey, vorher die Rasende genannt,
bereits entschieden war. Daher sah man schon als Vorbedeutung der geheimen Entwürfe dieser Schwärmer überall in Paris das Wort Königlich ausgelöschet.

Brandfackeln, und den gräßlichsten Zuckungen des Aufruhrs und der Gesetzlosigkeit selbst nicht frey waren 1).

Wäre

---

1) Daß nicht nur in späteren Zeiten, sondern schon im Anfange der Sitzungen, daß selbst zu Versailles die Freyheit der Deputirten gefesselt war, und beynahe alle Beschlüsse durch Furcht und Drohungen, oder Uebermacht erpreßt wurden, erklärt Mounier selbst: Seit dem Julius 1789 — waren die Verschwornen mit dem Pöbel dahin gelangt, daß sie die Versammlung beherrschten. Der größte Theil der Mitglieder war immer gerecht und gemäßiget. Aber so oft die sogenannte Volksparthey einen Beschluß erhalten wollte, warf sie alles über den Haufen, was ihr in Weg stand. Sie ließ dem größeren Theile nur dann die Oberhand, wenn sie glaubte, der Gegenstand sey nicht wichtig genug, um schon in Voraus einen Entschluß zu fassen, oder wenn die Anführer unter sich selbst uneinig waren. Lärm, Geschrey, Auszischen, Beyfallklatschen der Gallerien, Proscriptionslisten, Drohungen - Verläumdungen, Pasquille, Mißhandlungen von dem Pöbel: alle diese Waffen, deren man sich in Paris so oft bedienet hat, waren auch schon zu Versailles gebraucht worden. Der Jacobinerclub existirte schon, nur war seine Existenz noch nicht öffentlich bekannt. Die Anführer der herrschenden Parthey bereiteten in ihren Versammlungen alle Mittel vor, um ihre Zwecke zu erreichen, und nahmen damahls schon, so wie sie es noch jetzt thun, die Maßregeln, welche sie die Tactik der Versammlung nennen. Ich selbst sah mich mehr als einmahl genöthiget, Certificate für unglückliche Mitglieder der Versammlung zu unterschreiben, welche es gewagt hatten zu bedenklich zu seyn: welche nachher, als sie erfuhren, daß man sie dafür, durch Verwüstung ihres Eigenthumes bestrafen wolle, dringend bathen, daß man von ihrem Patriotismus Zeugniß geben möchte. Unstreitig hätten sich diejenigen Abgesandten, welche dem Throne treu geblieben waren, untereinander verbinden sollen, um so schändlichen Cabalen entgegen zu arbeiten; aber diejenigen, welche sich verbunden hatten, machten die traurige Erfahrung, daß wenige Menschen eben so thätig sind Gutes zu thun, als die Bösen es sind um Uibels zu thun. Wie oft habe ich nicht, nachdem ich den Angriffen eines von den Verschwornen abhängenden Pöbels, den Pasquillen, den anonymen Briefen und dem Auszischen eines Theiles der Versammlung Trotz gebothen

Wäre der König von Frankreich frey gewesen, würde er zuverläßig auf nichts Rücksicht genommen haben, als auf die Ehre seiner Crone, das Beste seines Volkes, seine Protestation vom 20. Junius, und auf seine alte Religion, die man ihm mit Gewalt entreissen wollte 1). Er würde gewiß weit lieber durch eine großmüthige Aufopferung sein Leben dargebothen haben, um sein Volk von einer vorgeblichen Constitution loszukaufen, durch die man dasselbe zu unterdrücken suchte. Allein ganz Europa war Zeuge, daß die Weigerung der Annahme den drey treuen Leibgarden, die mit ihm zu Varennes gefangen wurden, das Leben gekostet hätte: daß ein erzwungener Mangel an Lebensmitteln die Erneuerung alter Gewaltthätigkeiten verkündigte: daß ein meuchelmörderischer Entwurf gegen die ganze königliche Familie von den Rottirern gefaßt war: daß man alle ihrem Gott und ihrem Könige noch treuen Edelleute und Priester in Frankreich zum augenblicklichen Schlachtopfer bestimmte, und daß die auswärtigen Mächte viele tausend Bösewichter und königsmörderische Ungeheuer zu bestrafen gefunden hätten 2).

Die

---

bothen hatte, — gesehen, daß dieselben Personen, welche zu der Zeit, da ich vom Rednerstuhle herabstieg, mich ihres Beyfalles und ihrer Theilnahme versicherten, einen Augenblick nachher gegen die Grundsätze votirten, welche ich vertheidigt, und welche sie angenommen hatten. Appel au Tribunal de l' opinion publique. Und nach dieser Schilderung der Versammlung von ihrem Präsidenten selbst kann man sich noch über den Gang der Revolution verwundern?

1) Eine Section von Paris trug bereits darauf an, den König als Uibertreter der Gesetze zu belangen, weil er seinen Gottesdienst von unbeeideten Priestern halten ließ, und der Abbe L' Enfant wurde am 2. October dieses Jahres bloß darum gemordet, weil er königlicher Beichtvater war!

2) Wenn der König alle diese Uibel abwenden, wenn er sich und seinem Hause den Thron erhalten, wenn er selbst der Gefangenschaft entgehen wollte,

Die Hoffnung, daß die Empörer nach und nach ihre Schritte bereuen dürften, welche der König nie ganz aufgegeben zu haben scheint, verließ ihn auch jetzt nicht, und er schmeichelte sich wahrscheinlicher Weise durch dieses letzte Merkmahl von Nachgiebigkeit ihre Wuth zu entwaffnen, und ihre unglückliche Blindheit zu zerstreuen¹). Der Zwang der Umstände, und die offenbare Abhängigkeit des Königs machten ohnehin die Annahme so ungültig, daß niemahls aus derselben nachtheilige Folgerungen für Frankreichs Wohlfahrt gezogen werden können. Die Annahme geschah überdieß bloß bedingungsweise, da der König ausdrücklich erklärte, daß die Erfahrung den Werth der Constitution bestimmen sollte. Mit einem Worte, der König mußte entweder die Constitution so wie sie ihm vorgelegt ward, annehmen, oder Frankreich allen Gräueln eines Bürgerkrieges, und der Gefahr aussetzen, unter seinen eigenen Ruinen begraben zu werden ²).

Der König unterzeichnete zwar, aber seine Hand war gefesselt, folglich die ganze Handlung ungültig. Die Protestation vom 20. Junius hatte ihr schon vorläufig alle Verbindlichkeit genommen. Ein Gefangener kann sich weder verbindlich machen, noch irgend einer Handlung durch seine Unterzeichnung eine gesetzmäßige Kraft ertheilen, noch eine rechtskräftige Annahme leisten,

und

---

wollte, mußte er wohl die ihm vorgelegte Constitution annehmen. Aber wie kann man in Angesicht von Europa bey so vervielfältigtem Zwange behaupten, daß die königliche Annahme freywillig gewesen?

¹) Schreiben des Königs an die Nationalversammlung vom 18. September 1791.

²) Sonst würde schon damahls die republicanische Parthey die königliche Würde abgeschaffet haben, und der Vorfall auf dem Marsfelde zeigt hinlänglich, daß es ihr nicht am Willen fehlte.

und ein Monarch, der in die traurige Nothwendigkeit verſetzt iſt zu ſchreiben, daß er frey ſey, kann unmöglich in der That frey ſeyn 1).

Dieſes ſchreckliche Schauſpiel der Gefangenſchaft eines Königs in ſeiner eigenen Hauptſtadt erfüllt alle Mächte mit ſo gerechtem Unwillen, daß ſie bereits ihre Maßregeln nahmen, um die Ehre des Diadems zu rächen. Weiland Se. Majeſtät der Kaiſer foderten durch das Umlaufſchreiben von Padua 2) alle Souveraine zu einer gemeinſchaftlichen Vereinigung auf 3). Der Vertrag von Pillnitz beſtimmte bereits die Umſtände, unter welchen Seine kaiſerliche Majeſtät, und Seine königliche Majeſtät

von

---

1) Dieſe Schlüſſe ſind nach dem Franzöſiſchen Staatsrechte ſo richtig, daß wenn ein König in Gefangenſchaft geriets, der Thronerbe, oder wenn dieſer noch nicht volljährig war, der nächſte Prinz vom Geblüte, eben ſo wie bey der Blödſinnigkeit eines Königs unmittelbar Generallieutenant des Reiches ward.

2) Im Monath Julius 1791.

3) Die Demagogen in Frankreich haben zwar aus dieſem Umlaufſchreiben dem Wienerhofe die Abſicht aufgebürdet, ſich in die inneren Angelegenheiten Frankreichs miſchen zu wollen. Allein wie wenig dieſer Hof geſinnet war, ſich in die einheimiſchen Ereigniſſe von Frankreich zu mengen, zeiget hinlänglich, daß derſelbe bey allen gewaltſamen Vorfällen und bey der augenſcheinlichen Gefahr, in welcher die königliche Familie und vorzüglich die Königin ſchwebte, weder den Wunſch einer Dazwiſchenkunſt blicken ließ, noch eine andere kriegeriſche Stellung annahm, als welche die unglückliche Lage ſeiner eigenen Niederländiſchen Provinzen nöthig machte, die doch zum Theile ſelbſt das Werk der Franzöſiſchen Rottirer war. Aber von dem Augenblicke an, als der König gefangen war, hörte ſein Unglück auf eine bloße Hausangelegenheit von Frankreich zu ſeyn: es ward die Sache aller Könige. Laut und frech verkündigten die Franzöſiſchen Freyheitsapoſtel, daß ſie überall ihre Grundſätze ausbreiten wollten. Sie machten kein Geheimniß daraus, daß ſie in allen Ländern beſoldete Miſſionäre unterhielten, welche die Völker

von Preußen die Waffen ergreifen würden a). Allein die Annahme Seiner Allerchristlichsten Majestät, so erzwungen und ungültig dieselbe auch war, schien eine neue Ordnung der Dinge zu
verkündigen. Sie machte die Gefahr weniger dringend, und die
letztern Ereignisse gaben Hoffnung für die Zukunft. Es hatte
das

---

zu gleichen Gesinnungen bekehren sollten. Was in Frankreich geschah,
war nur das Vorspiel dessen, was in allen übrigen Europäischen Staaten gleichfalls geschehen mußte, und kein Monarch durfte sich ein gün-
stigeres Schicksal versprechen als Ludwig XVI, bald der Same der Anarchie und des Aufruhres auch in ihren Staaten Wurzeln faßte. Es stand
die Verfassung, die Ruhe, die Wohlfahrt aller Europäischen Staaten
auf der Spitze. Allen Monarchen drohete gleiche Gefahr, ja selbst die
republicanischen Regierungen konnten auf keine größere Sicherheit An-
spruch machen, da die Französischen Rottirer jede Art von Unterwürfigkeit und Gehorsam mit dem Nahmen Sclaverey brandmarkten, und die
alten ehrwürdigen Republiken Europens, ja die Englische Verfassung
selbst eben so sehr lästerten und verabscheuten, als die monarchische
Form. Leopold II. war daher bey der offenbaren Gefahr, in die
das ganze Europäische Staatensystem gerieth, vermöge des Ranges unter den übrigen Mächten, als Souverain großer Reiche und Provinzen, als Oberhaupt eines Hauses, das so oft durch seine Großmuth das
Gleichgewicht unseres Welttheiles erhielt, nicht nur berechtiget, sondern
verpflichtet, alle übrigen Souveraine und Staaten zur gemeinschaftlichen
Vertheidigung aufzufodern. Diese Auffoderung geschah nach den strengs-
sten Grundsätzen einer unvermeidlichen Nothwehr; sie war nur auf den
Fall gerichtet, wenn die Verirrten nicht zu ihren Pflichten zurückkehren
würden, und als man sich mit einiger Wahrscheinlichkeit die Herstellung
der Ordnung versprechen konnte, erklärte Leopold selbst durch eine mini-
sterielle Note die Suspension der getroffenen Maßregeln.

a) Erst als die herrschende Parthey in Frankreich ihren Hang zum republican-
schen Systeme öffentlich an Tag legte; als sie in Paris gedungene Leute
herumschickte, um überall die Worte: König und Königlich, auszulöschen; als man zu glauben berechtiget war, daß diese absichtlich des

Ab-

das Ansehen, daß die Unglücksfälle, welche diese Revolution ver-
ursachte, den größten Theil der Nation selbst mit Besorgnissen
erfüllten: daß diese Mehrheit zu gemäßigtern Grundsätzen zu-
rückkehrte: daß dieselbe die Nothwendigkeit selbst empfinde, eine
Regierungsform zu behaupten, die für ein großes Reich allein
zuträglich, und zugleich geeignet ist, dem Throne jene Würde und
jenen Einfluß wieder zu verschaffen, die mit einem monarchischen
Staate wesentlich verbunden sind 1). Seine kaiserliche Majestät

F 2

wa-

Königs Flucht befördert hatte, um durch Mißhandlung desselben die Majestät aller Throne zu erniedrigen; als die Suspension des Königs als
ein Mittel gebraucht ward, um die Nation nach und nach daran zu
gewöhnen, sich auch ohne König regieren zu lassen — wurde der Vertrag
von Pillnitz unterzeichnet.

2) Depesche des Hrn. Fürsten von Kaunitz an mehrere Minister bey fremden
Höfen vom 12. Nov. 1791. Sehr schön sagt über. diesen Gegenstand
der erhabene Verfasser der drey Briefe eines Ausländers an ein Mitglied
der constituirenden Nationalversammlung: „Unterdessen heiligte ein Decret der Nationalversammlung die Unverletzbarkeit des Königs, und der
Aufstand auf dem Marsfelde bewies, daß die republicanische Parthey noch
nicht die stärkste war. Die Revision wurde geendiget, die Verfassung
dem Könige überreichet, von ihm angenommen, und diese Annahme so
gar mit allen Formen bekleidet, welche dem Einwurf eines Mangels
an Freyheit zuvor kommen könnten. — Ludwigs Annahme der neuen
Verfassung brachte bey allen Europäischen Mächten die Wirkung hervor,
welche man zu verlangen schien, und um diese Coalition, welche euch
beunruhigen mußte, völlig zu trennen, war weiter nichts nöthig, als
unverändert auf der Bahn fortzuwandern, welche durch die Constitution
vorgezeichnet ward, indem alle Höfe sie einstimmig anerkannten, als
sie auf die Bekanntmachung des Königs der Franzosen antworteten.
Alles verkündigte endlich, daß die auswärtigen Mächte euere Revolution
als geendiget ansahen, so wie euere Constitution als festgesetzt, und
den König befreyet von der Gefahr, die ihm drohete, welche ihre
Theilnehmung erregt, und ihre Coalition erzeuget hatte.„ Aus dem Journal von Paris im 7. Stücke von Archenholz Minerva.

waren zwar durch diesen Anschein nicht ganz beruhiget, allein sie
wünschten, daß die mit Ihnen vereinigten Mächte einen Auffschub
versuchen möchten, um wenn es möglich wäre, der Menschheit
jene äußersten Mittel zu ersparen, zu welchen nun alle Mächte
ihre Zuflucht zu nehmen gezwungen sind 1).

Während dieser Zeit ward eine außerordentliche Anzahl
getreuer Franzosen genöthigt, ihr Vaterland zu verlassen, wo
sie der Gegenstand, oder die Zeugen der größten Gewaltthätigkeiten waren: wo sie umsonst bey furchtsamen oder bestochenen
Richtern Gerechtigkeit anflehten: wo die Gesetze schwiegen, welche sie schützen sollten, und in den Händen der Rottirer nur gegen sie Kraft zu haben schienen 2). Sie versammelten sich auf dem
Zurufe der Ehre, der Pflicht und der Treue um den Brüdern
des Königs und den Prinzen vom Geblüte, welche gleichfalls aus
ihrem Vaterlande vertrieben wurden.

Eine neue gewaltsame Versammlung, die eine Art von
Stolz darin zu setzen schien, die vorige an Ausschweifungen zu
übertreffen 3), erfrechte sich die königliche Majestät noch unan-
ständ-

1) Daher erhoben einige der Emigranten die bittersten, und ungerechtesten
Klagen gegen Leopold, und betrachteten das friedliche System des Wie-
nerhofes als das größte Hinderniß ihrer überspannten Hoffnungen.
Man sehe die Flugschrift: Coup d'oeil sur les interets politiques de dif-
ferens Souverains de l'Europe relativement á la revolution de
France.

2) Die Härte der Verordnungen der gesetzgebenden Nationalversammlung
gegen die Emigrirten verräth zu offenbar die niedere Rachsucht der Deputirten des dritten Standes, als daß es einer weiteren Bemerkung
nöthig hätte.

3) Und doch war die Mehrheit der Mitglieder, wie man aus der Lossprechung des Herrn La Fayette sah, für die Constitution, für die Aufrechthaltung der Ordnung, für das rechtmäßige Ansehen des Königs; aber
wie

ständiger zu [behandeln 1), erschwerte die Gefangenschaft des Königs 2), ermunterte das Aufbrausen demokratischer Versammlungen 3), vervielfältigte die Gefahren um den Thron 4), mißbilligte die Gastfreundschaft, welche auswärtige Fürsten den ausgewanderten Franzosen bewilligten 5), und beleidigte durch ihre beyspiellose Ausgelassenheit alle gekrönten Häupter von Europa 6).

Sie

---

wie Herr Mounnier so richtig sagte, die Bösen besitzen weit mehr Stärke und Muth Uibels zu thun, als die Guten ihnen zu widerstehen, und diese Mehrheit der Versammlung hatte sich gleich anfangs zu sehr unter den Jacobinischen Gliedern geschmiegt, als daß dieselbe spaterhin der Minorität, die den Pöbel der Vorstädte auf ihrer Seite hatte, das Gleichgewicht halten konnte.

1) Decret vom Montage am 6. Februarius 1792, welches entscheidet, daß der Präsident der Versammlung in seinen Schreiben an den König keine andere Förmlichkeit beobachten sollte, als welcher sich der König gegen die Versammlung bedienen würde.

2) Da die Parole bey den inneren Wachen des Pallastes nicht der freye König, sondern der geheime Untersuchungsausschuß, oder die mit demselben so enge verbundene Municipalität gab, und mehr als einmahl das königliche Schlafgemach selbst nächtlichen Nachforschungen ausgesetzet war.

3) Da sie nicht nur beständig sich weigerte, die Anklagen gegen das constitutionswidrige Betragen der Jacobinischen Gesellschaften anzunehmen, sondern vielmehr denselben lauten Beyfall schenkte.

4) Durch Beschuldigung der Minister, der treuen Diener des Königs, der Königinn, des Königs selbst, vorzüglich bey jenen unverschämten Behauptungen wegen des Brissots und Gensonets wegen des so offenbar bloß aus Verläumdung auf die Bahn gebrachten österreichischen Ausschusses.

5) Depesche des Herrn Fürsten von Kaunitz an den Herrn von Blumendorf vom 17. Febr. 1792. Und auch hier gab der Wienerhof die auffallendsten Beweise seiner Mäßigung, da er durch die musterhaften Vorschriften für die Niederlande zwar den unglücklichen Emigranten eine sichere Zufluchtsstätte nicht verweigerte, aber zugleich alle Vorsichten brauchte, welche die Französische Regierung beruhigen konnten.

6) Wer erinnert sich nicht der muthwilligen, und höchst unanständigen

De-

Sie verletzte ihre eigenen Gesetze, ihre vorgebliche Verzichtleistung auf Eroberungen, bemächtigte sich der Grafschaft Avignon¹), und des Stiftes Basel ²), hielt sich berechtigt, mehreren Fürsten und Ständen des Reiches einen willführlichen Geldersatz für die Beraubung ihres rechtskräftigen Eigenthumes in Lothringen und Elsaß aufzubringen ³), und betrachtete nöthige Polizeyanstalten als Feindseligkeiten, welche in den benachbarten Ländern getroffen wurden, um empörende Schriften zu unterdrücken, welche sie verbreitete, und die aufrührerischen Missionäre ihrer Propaganda zu entfernen, welche von ihr in alle Theile der Welt ausgesendet wurden, um die Völker zu verführen, das Eigenthumsrecht zu stören, die Könige zu entthronen, und alle Religionen zu vernichten ⁴).

Diese

Declamationen der Briffots, der François de Nantes, der Genfonris, der Fauchets, der Guadets, und der übrigen Mitglieder dieser Versammlung? Besonders war der Wienerhof das Ziel ihrer cynischen Witze, und sehr schön sagt der Verfasser der angeführten drey Briefe: „Die Absichten des Wienerhofes mußten wohl recht friedfertig seyn, weil ungeachtet der Reden gegen ihn, die in der Versammlung Beyfall erhielten, (und auf Kosten der Versammlung gedruckt und ausgetheilet wurden) weil ungeachtet der Maßregeln, die man mit mehr Geräusch und Kosten, als nützlichen Erfolge in Frankreich unternahm, dieß Reich doch noch nicht angegriffen ist.„

1) Man sehe das Manifest, welches der Päbstliche Hof gegen diese Gewaltthätigkeit bekannt machte.

2) Precis de ce, qui a eté dit, et decreté à l'assemblée Nationale à Paris concernant — la Principauté de Porrentrui.

3) Dahin gehören die verschiedenen Vorschläge, welche mehreren Reichsfürsten von den Französischen Bevollmächtigten in einem bey dem Diplomatischen Corps bisher ungewöhnlichen Tone gemacht worden.

4) Nach der Rede des Herrn Dumourier, und der neuesten Offenherzigkeit des Nationalconventes ist die Existenz der Propaganda wohl kein Problem mehr.

Diese Versammlung, deren Kühnheit mit der Straflosigkeit zuzunehmen, und durch die Mäßigung der benachbarten Fürsten neue Nahrung erhalten zu haben schien 1), faßte in ihrer Fieberhitze den Entwurf, ihre gewaltsamen Anmaßungen und die Französische Zügellosigkeit über das ganze Deutsche Reich, und wahrscheinlich über die ganze Erde zu verbreiten 2). Ein Ministerium, das sich der König anzunehmen gezwungen sah 3), wurde das Sprachrohr ihrer geheimen Absichten, und der sehr bekannten Entwürfe demokratischer Gesellschaften 4).

Von dem Wienerhofe wurden Erklärungen verlangt, und mit aller der Deutlichkeit, Genauigkeit, und Umständlichkeit gegeben,

als

---

1) Dieser Geist der Versammlung ist eine nothwendige Wirkung der Revolution. An die Stelle der Tugenden, sagt Herr Necker, die man vernichtet hat, und verspottet, sind der gröbste Egoismus und die unbegränzteste Eitelkeit getreten. Härte und Grausamkeit reissen überall ein, die eigenthümliche Nationalcultur wurde gleichfalls zerstört, und soll nur durch eine vermeintliche democratische Rauheit der Alten ersetzt werden, welche die Nation bis auf die Sprache verdirbt. Daher der neue Ton in der Diplomatie.

2) Man denke nur an den abscheulichen Eid der Jacobinerclubs, und die unsinnigen Reden von Anacharsis Cloz und Consorten, die in der Assemblee so sehr beklatschet wurden.

3) Dieses Jacobinische Ministerium war in den Augen des besten Theiles der Nation selbst so verächtlich, daß als von der Zurückrufung desselben die Rede gieng, André Chenier in das Journal von Paris nur folgende Worte an den König setzte: Ah Sire, voulez vous gater le 20. Juin?

4) Daß die herrschenden Glieder der Versammlung mit dem eingedrungenen Ministerium vollkommen einverstanden waren, beweiset die Bereitwilligkeit, mit welcher sie wechselweise ihre Entwürfe unterstützten, und der Streit, welcher zwischen den Partheyen über die Verwendung der sechs Millionen ausbrach, die dem Minister der auswärtigen Angelegenheiten zu geheimen Ausgaben der Propaganda bewilliget worden, zeigt den uneigennützigen Geist der Hosenlosen!

als es die Aufrichtigkeit und die Würde Seiner Apostolischen Majestät erfoderten 1). Allein gerade diese befriedigende Antwort
mußte einer Versammlung, mußte Gesellschaften mißfallen, welche
den Frieden zu brechen bereits entschlossen waren, und durch ihre
Ränke und strafbaren Kunstgriffe den König endlich zwangen, der
gewaltsamen Leitung seines Ministeriums nachzugeben, und gegen
alle Gerechtigkeit, gegen alle Vernunft, gegen die offenbare Wohlfahrt von Frankreich selbst seinem Nachbar, seinem Verwandten,
seinem guten und treuen Bundesgenossen dem Könige von Hungarn
und Böhmen den Krieg zu erklären 2). Die cronenräuberische
Ver-

---

1) Man sehe darüber die Gegenerklärung des Wienerhofes, wo die Ungerechtigkeit und das hinterlistige Betragen des damahligen Französischen
Ministeriums treffend beleuchtet sind.

2) Nichts kann auffallender seyn, als daß die Regierung eines Landes,
wo die neue Einrichtung noch nicht die nöthige Festigkeit erhielt, die
Armee ohne Zucht ist, ein großer Theil der Einwohner selbst in Geheim
die neue Ordnung der Dinge verabscheuet muthwillig einen Krieg
anfange. Allein die Faction, welche das unglückliche Reich unterdrückt,
sah den Krieg als das einzige Mittel an, die königliche Gewalt zu vernichten, und ihre republicanischen Träume geltend zu machen. Wie Andre Chenier sehr richtig sagte, ihr Entwurf war auf jeden Fall gefaßt.
Hätten die ersten Unternehmungen der Erwartung entsprochen, so würde man jeden Sieg als eine Niederlage für die Freyheit, jede Eroberung als einen Keim des Despotismus dem Volke vorgestellet, und dasselbe durch Schreckbilder in Wuth gesetzet haben, den Hof zu vernichten,
bevor dieser durch die glücklichen Fortschritte seiner Waffen zu mächtig
würde. Nachdem aber der Erfolg so unglücklich war, als er nach den
getroffenen Maßregeln es seyn mußte, hatte man die schönste Gelegenheit
über Verrätherey des Hofes und dessen Einverständniß mit den Feinden
loszuziehen, und durch Aufreitzung der Eigenliebe, und des gekränkten
Stolzes des großen Haufens den Thron gehässig zu machen, denselben
als die einzige Quelle aller Unglücksfälle anzugeben, und die Scenen
vom 10. August zu veranlassen.

Versammlung wähnte, durch eben die Mittel Europa zu unterjo-
chen, durch welche sie Frankreich unterdrücket hatte, da sie sich be-
strebte, die Truppen in Aufruhr zu bringen, die Unterthanen
zu verführen und zu empören, das väterliche Ansehen der Sou-
veräine gehässig zu machen, Verbrechen zu empfehlen und um
jeden Preis zu erkaufen, die Leidenschaften der Völker in Bewegung zu setzen und durch Schmeicheleyen zu erhitzen, und mit
einem Worte alle Bande der bürgerlichen Gesellschaft und der Sit-
tenlehre zu zerreissen. Vorzüglich weidete sie sich mit der Hoffnung, den Irrwahn, welcher vor kurzem die Provinzen der Oesterreichischen Niederlande in Gährung gebracht, wieder anzufachen, und weiter zu verbreiten. Sie rechnete mit Zuversicht darauf, in diesem Lande zahlreiche Mitgenossen ihrer Verbrechen zu
finden, die Fackeln des Aufruhrs von neuem anzuzünden, die reichen Stiftgüter der Kirchen zu verschlingen, sich des Eigenthumes
des Adels zu bemächtigen, und wie sich dieselbe in ihrem eigenen
Schoofse durch den Minister ihrer Schöpfung mit Wohlgefallen
wiederhohlen ließ 1), alles baare Geld an sich zu reissen, und
dasselbe durch jenes Papiergeld zu ersetzen, welches unter Bürgschaft
der Gewalt in Umlauf gebracht worden, angemaßte Güter zur
einzigen Bedeckung hat, und durch den Unwerth in seinem eigenen Lande die innere Ungerechtigkeit an der Stirne trägt. Auf
diese Art glaubte sie die Gewaltthätigkeiten ihrer Satelliten, und
den brennenden Eifer revolutionssüchtiger Patrioten durch den Raub
seiner Nachbarn, und eines arbeitsamen und friedlichen Volkes
zu bezahlen. Auf dieser strafbaren, und in den Augen aller Nationen empörenden Grundlage stützte sich ihr Wunsch für den Krieg,
ihr Entwurf zur Führung desselben, und ihre Freude den billig-
sten

---

1) Bericht des Hrn. Dumourier über den Vorfall bey Mons.

ſten Monarchen ſelbſt zum Vorſchlage der Feindſeligkeiten gezwungen zu haben, deſſen ganzes Leben ſtandhafte Liebe für die Gerechtigkeit, unverbrüchliche Treue gegen die Bundesgenoſſen, und
den aufrichtigſten Wunſch für die Erhaltung der Ruhe von Europa darſtellte 1).

Da die Vorſicht die Waffen eines Fürſten ſegnete, der unge-
rechter Weiſe angefallen ward, ſtrafte ſie zugleich die Truppen der
Rebellen, welche ihren König in Paris gefangen hielten, und in
deſſen Nahmen ſeine Bundesgenoſſen angriffen. Als die Armee der
Franzöſiſchen Empörer nach ihren Niederlagen zu Tournay und
Mons, zu Florenne und Glisvelle einen Einfall in Weſtflandern
machte, welches Land offen und ohne Vertheidigung war, und
auch dieſes bald verlaſſen mußte, ſah ſie ſich gezwungen, der an-
maſſenden Verſammlung ſelbſt zu berichten 2), daß Seine Apoſtoli-
ſche Majeſtät nur muthvolle Soldaten und treue Unterthanen in
ihren Staaten zählten, und daß ihnen von ihren ſtrafbaren Entwürfen nichts übrig geblieben, als die Schande dieſe entworfen,
das Bubenſtück in ihrer Bürgerfreude wehrloſe Gefangene, die
ihre Schuldigkeit gethan, niedergemacht, und endlich der Schimpf
zu Courtray ohne Nutzen, ohne Endzweck, ſelbſt ohne Kriegs-
vorwand die Wohnungen und Beſitzungen von 300 Familien in
Brand geſteckt zu haben, die ihnen nichts zu Leide thaten.

Allein die uſurpirende Verſammlung wurde für dieſe ver-
eitelten Entwürfe bald durch glückliche Ereigniſſe [anderer [Art
ſchadlos gehalten. Die Verſammlung dankte gegen den ausdrücklichen Inhalt ihrer eigenen Geſetze, ohne vorläufige Unter-
ſuchung, ohne rechtliches Verfahren, ohne ſelbſt die Beſchuldig-
ten,

---

1) Gegenerklärung des Wienerhofes.
2) Schreiben des Hrn. Lukner vom 28. 29. und 30. Junius 1792.

ten, oder einen Vertheidiger derſelben anzuhören, eine tabel-
loſe Garde ab, und entfernte ſie von dem Könige, berief aus
allen Provinzen Räuberhorden zu ihrem Beyſtande, von jenen
berüchtigten Räubern, deren Nahme der Abſcheu der ſpäteſten
Jahrhunderte ſeyn wird, und gleichſam als wenn die Verſammlung ihre Kräfte, und. den Grad der Strafbarkeit ihrer Sach-
walter hätte prüfen wollen, ließ ſie am 20. Junius die Zufluchts-
ſtätte des Königs ſelbſt anfallen, und die größten Verbrechen
waren bereits der Vollendung nahe, wenn nicht die Majeſtät eines großen Monarchen, ſeine Tugend, ſeine Standhaftigkeit der
Horde der Königsmörder Ehrfurcht gebothen hätte, deren Arme
offenbar geleitet und bezahlet waren. Ganz Frankreich, welches
man ohne Ungerechtigkeit mit den Rottirern nicht verwechſeln
darf, empört ſich mit Abſcheu gegen dieſen verruchten Tag, und
fodert laut die Beſtrafung der Schuldigen. Allein die Weigerung Verbrechen zu beſtrafen, bezeichnet hinlänglich die Theilnahme derſelben, und niemand in Europa kann die eigentlichen
Urheber dieſer Gewaltthätigkeiten verkennen 1),

G 2   Die-

---

1) Hier hört der Franzöſiſche Verfaſſer auf, aber die Hoffnungen, welche
man ſich nach der lauten Aeußerung ſo vieler Gutgeſinnten mit einem
hohen Grade von Wahrſcheinlichkeit machte, daß die Verſchwornen nach
dieſem letzten mißlungenen Verſuche ihre hochverrätheriſchen Entwürfe
aufgeben würden, und daß die Sache des Königs, der Geſetze, der
neuen Conſtitution ſelbſt endlich triumphiren dürfte, dieſe Hoffnungen blie-
ben leider unerfüllt, und es erfolgten gräßlichere Auftritte, als je be-
fürchtet worden. Zwar dauerten die Dankadreſſen an den König für
ſeine am 20. Junius bezeigte Standhaftigkeit noch immer fort, ein
großer Theil der Bürgermiliz von Paris, der ganze Generalſtab derſelben, die Armeen erklärten ſich gegen die Rottirer: La Fayette erſchien
perſönlich vor den Schranken der Verſammlung, und begehrte ihre Beſtrafung: das würdige Departement von Paris enthob die Haupturheber

des

Dieses ist ein getreuer Abriß der Franzöfifchen Revolution, welche ungerecht und gefetzlos in ihrer Grundlage, und verabfcheuungs-
würdig.

des letzten fchändlichen Aufstandes Pethion und Manuel ihrer Amtes-
verrichtungen, welche ihren niedern Ränken Kraft geben konnten, und in
der Nationalverfammlung felbst vermehrten fich die Freunde der Ordnung,
und des Königs. Allein die böfe Rotte, welche einmahl die Vernichtung der Monarchie, und die Gefangennehmung des Königs und der
königlichen Familie befchloffen hatte, ließ fich durch diefen Anfchein
von Hinderniffen nicht abfchrecken, und verfolgte jenen Plan, welchen
der Minister Roland in dem unverfchämten Schreiben an den König
fo deutlich bezeichnete. Obgleich der König feine Einwilligung zu
dem Lager von Paris, und zur gewaltfamen Vertreibung der unbeeideten und treuen Clerifey verweigerte, wurde doch das von ihm vor-
gefchlagene Lager von Soiffons zum Vorwande gebraucht, die Marfeil-
ler, und Brefter und die übrigen Jacobinifchen Zeloten nach Paris zu ziehen.
Man reizte das Volk zu Gewaltthätigkeiten gegen die unbeeideten Prie-
fter, und bürdete die Unglücksfälle an den Gränzen, die doch das Werk
der unüberlegten Maßregeln des Jacobinifchen Minifteriums waren, der
Verrätherey des Hofes auf. Die herrfchende Parthey der Nationalverfammlung bewirkte die Wiedereinfetzung Pethions, und die Rottirer
hielten fich bereits am Bundestage (den 14. Julius) ftark genug, um
die Ausführung ihrer neuen Verfchwörung zu verfuchen, aber der Patriotismus und die Tapferkeit der Grenadiere der Bürgermiliz von Paris rettete das Leben des Königs und der königlichen Familie, und vereitelte
zugleich an diefem Tage die Ausführung der Entwürfe der Verfchwornen,
aber nicht ihre Entwürfe felbst. Vielmehr arbeiteten fie mit der größten
Beharrlichkeit, und der feinsten Politik an der Befestigung derfelben.
Alle Jacobinifchen Clubs des Reiches vereinigten fich mit jenem von Paris,
nm durch die kühnsten Adreffen die Beftrafung La Fayettes, und des
Departements von Paris, die Einfetzung eines neuen Generalftabs bey
der Miliz, die Zurückberufung der Jacobinifchen Minister, die Entfernung
der Linientruppen und Schweizer, ja fo gar die Sufpenfion und gänzliche Abfetzung des Königs mit der ungeftümften Heftigkeit von der Ver-
                                                        famm-

würdig in ihren Hülfsmitteln und Triebfedern nur die traurigsten Wirkungen hervorbringen konnte. Ihre Kaiserliche und Königliche Majestä-

---

sammlung zu fodern, und diese nahm dieselben nicht nur mit lautem Beyfalle auf, sondern schickte sie so gar mit einer ehrenvollen Empfehlung in alle Provinzen des Reiches. Als diese Schandschriften die erwartete Gährung hervorgebracht, die Anzahl der Föderirten sich in Paris vergrößert, die Nationalgarden durch Duldung des von den Marseillern zugefügten Schimpfes ihre Muthlosigkeit, oder wenigst ihre Abneigung zu einem ernsthaften Widerstande an Tag gelegt hatten, war nichts weiter mehr nöthig als den leichtgläubigen und aufrührerischen Pöbel von Paris durch das Gerücht in Wuth zu bringen, daß der Hof, der ehemahlige Adel, die unbeeidete Clerisey bereits den Tag bestimmet hätten, alle Freunde der Revolution anzufallen, und zu ermorden, und Paris selbst mit Feuer und Schwert zu verheeren. Umsonst widerlegte die Unmöglichkeit der Ausführung bey so schwachen Mitteln die Verläumdung der Rottirer: umsonst betheuerte der König durch feyerliche Proclamationen seine Unschuld: umsonst zeigte der größere Theil der Nationalversammlung selbst durch La Fayettes Lossprechung seine pflichtmäßigen Gesinnungen. La Fayettes Lossprechung ward das Zeichen zum fürchterlichsten Aufstande. Die Deputirten, welche für die gute Sache gestimmet waren, wurden durch meuchelmörderische Anfälle und Proscriptionslisten von dem Versammlungssale ausgeschlossen, die Commendanten der Miliz ermordet, die Municipalität bis auf Manuel und Pethion eigenmächtig abgesetzt, die unruhigsten Aufrührer mit dictatorischer Gewalt bekleidet, und der tollkühne Bierbrauer Santerre zum Generalcommendanten ernannt. Nun rückte der rasende Pöbel mit Kanonen und Pulverkarren, und tausend Mordgewehren gegen die Residenz seines Königs, der unglückliche Monarch flüchtete mit seiner Familie in die Versammlung, fand aber auch hier nur Verschworne, und eine kaltsinnige Aufnahme, und erhielt die Loge eines Zeitungsschreibers zu seinem Aufenthalte, um größern Demüthigungen ausgesetzt zu seyn. Im königlichen Pallaste hatten zwar die treuen Schweizer die Wache, aber der König, der nie aufhörte Vater seines Volkes zu seyn, untersagte ihnen ausdrücklich, auf die Unsinnigen zu feuern, und erst als mit Kanonen auf sie geschossen ward, that ein Theil derselben einigen Widerstand. Sie waren aber bald

über

Majestäten sahen sich daher nothgedrungen, um die Menschheit von
so vielen Ausschweifungen zu befreyen, ihren wechselseitigen Ver-
bin-

übermannet, und niedergehauen, und ihre unbewaffneten Brüder hatten
ein gleiches Schicksal, oder wurden zur ordentlichen Hinrichtung aufbe-
wahret. Der Pallast selbst wurde mit Sturm eingenommen, geplündert,
und zum Theil in die Asche gelegt. Alles was königlich gesinnet zu seyn
schien, fiel unter den Streichen der Meuchelmörder, ohne Rücksicht des
Standes, Alters, Geschlechtes, oder wurde in die tiefsten Gefängnisse
geworfen, und die kannibalische Wuth des Pöbels konnte durch das
Schauspiel so vieler Hinrichtungen kaum gesättiget werden. Während
dieser Gräuelthaten, welche die gegenwärtigen Mitglieder der Versammlung selbst veranlasset, folglich nur schwach zu hindern suchten, schritt diese,
obgleich der größte Theil der Deputirten abwesend war, zur Suspension
des Königs, ohne für dessen Gegenwart die geringste Achtung zu haben,
und übertrug eben so willkührlich ihren Strafgenossen den Jacobinischen
Ministern die königliche Gewalt. Sie gestattete darauf, daß der König
mit seiner Familie auf Manuels Befehl zwischen den Reihen bewaffneter
Mörder über die Ruinen der Ehrensäulen seiner Vorfahren in den Tempel zur Verwahrung gebracht, seiner Bedienung beraubt, und endlich
gar gleich einem Criminalverbrecher von seiner Familie getrennt, und
einzeln bewacht ward. Allein da an dem schändlichen Tage des 10. Au-
gusts noch nicht alle Schlachtopfer fielen, welche die Rachsucht der Rottirer
bezeichnet hatte, und sie befürchten mußten, daß bey einer nähern Untersuchung die Unschuld der Angeklagten, ihre Verläumdung gegen den
Hof, und das ganze Blendwerk einer vorgeblichen Gegenrevolution auf-
gedecket werden dürfte, nahmen sie bey der unbegränzten Leichtgläubigkeit
und Reizbarkeit des Pariserpöbels zu dem alten Vorwande ihre Zuflucht.
Sie überredeten den großen Haufen, daß Paris von einigen Hundert wehr-
losen und gefesselten Gefangenen eine neue Gegenrevolution zu besorgen
hätte, um sich desselben zur Ermordung derjenigen zu bedienen, die ihn
vielleicht durch ihre Aussagen aus seinem Irrthume reissen konnten. Und
die Unverschämtheit der Rottirer gieng so weit, daß sie diese Vertheidigung
der Mordnacht vom 2. September, und der spätern eben so gräu-
lichen Niedermachung der Gefangenen von Orleans ganz Europa aufzu-
dringen suchten. Die gänzliche Zerrüttung aller öffentlichen Ordnung,
der

bindungen volle Kraft zu geben, und betrachten die Französische Revolution unter folgenden Rücksichten:

I) Der Person Seiner Allerchristlichsten Majestät;
II) Der Französischen Nation selbst;

III)

der Ausbruch der Eifersucht, und der Cabalen unter den Verschwornen die Gefahr, in welche die Mitglieder der Nationalversammlung selbst geriethen, benahm endlich dieser den Muth, länger die große Last der Verantwortung zu tragen. Unter dem scheinbaren Vorwande, ihre Aufträge nicht überschreiten zu dürfen, berief sie den gegenwärtigen Convent, als wenn die Absetzung des Königs, die Mißhandlung der ganzen königlichen Familie, die Duldung des eigenmächtigen Ausschusses der Sectionen von Paris, der seinen Wirkungskreis über alle Provinzen und in alle Zweige der öffentlichen Verwaltung auszudehnen suchte, die Aufhebung der Decrete von den Activbürgern, und die Einführung des neuen Reiches der Gleichheit, die Zerstörung aller königlichen Denkmahle und die gewaltsame Vorbereitung der republicanischen Verfassung ihre Vollmachten nicht überstiegen, sondern in der von ihnen so oft beschwornen Constitution gegründet gewesen? Was Wunder, wenn die Unordnung eine solche Höhe erreicht, daß weder die Befehle der Minister, noch jene der Versammlung selbst geachtet werden: daß die Verschwornen einander selbst auf die Proscriptionslisten setzen: daß die gesetzgebende Nationalversammlung von Frankreich von einem zügellosen Pöbel das Leben ihrer unverletzbaren Mitglieder erbetteln muß: daß endlich in dem gegenwärtigen Nationalconvente der Ausbruch der Thätlichkeiten in der Versammlung selbst zu besorgen war, und daß Frankreichs neue Revolution von einer neueren Revolution bedrohet wird? Was Wunder, wenn diese Versammlung, welche behauptet von der Nation berufen zu seyn um ihre Rechte sicher zu stellen, und ihre Wohlfahrt fest zu gründen, sich von dem Schwindelgeiste hinreißen läßt, eben die Constitution, welche man mit so vielem Prunke als das Muster der Verfassungen aufgestellet, selbst zu verwerfen, die Monarchie, welche 14 Jahrhunderte das Glück und den Wunsch der Nation ausmachte, in dem Taumel eines Augenblickes ohne die geringste Berathschlagung zu zerstören, und durch diesen unüberlegten und gewaltsamen Schritt die Fortsetzung eines Kriegs zu verewigen, der Frankreichs Unglücksfälle nothwendig vermehren muß?

III. Der Deutschen Fürsten, welche in Frankreich Besitzungen haben;

IV. Der allgemeinen Sicherheit von Europa und der Glückseligkeit aller Völker.

I. Von der Französischen Revolution in Rücksicht der Person Seiner Allerchristlichsten Majestät.

Es ist bekannt, daß es zur Wesenheit der Französischen Monarchie gehörte, und daß es der Wunsch aller schriftlichen Aufträge der Provinzen war, daß der König allein Gesetzgeber seyn, der Armee Befehle ertheilen, die Gerechtigkeit verwalten, das Recht des Friedens und Krieges ausüben, und die ganze Fülle der obersten Macht inne haben sollte 1). Die usurpirende Versammlung ließ ihm zwar den unfruchtbaren Titel eines Königs, und schien dafür noch Dank zu erwarten, aber sie entriß demselben in der That alle königlichen Vorzüge und Majestätsrechte. Sie verwandelte ihn in einen bloßen Vollstrecker ihrer Beschlüsse 2), in ihr knechtisches unthätiges Sprachrohr. Er verlor selbst die Befugniß, Gesetze in Vorschlag zu bringen, wenn auch dieselben noch so dringend seyn mögen 3). Er hat über die Land=und Seetruppen kein Ansehen mehr 4). Die Ernennung der Magistrate hängt nicht mehr von ihm ab 5), und er genoß selbst nicht des Rechtes zu gehen wohin es ihm beliebte, welches doch die Constitution jedem Bürger versichern will 6), da der Allerchristlichste König gezwun=

---

1) Daher sahen sich selbst die Häupter der Verschwornen gezwungen Ludwig XVI. auf den Vorschlag des Grafen von Lalp Tolendal den Titel des Wiederherstellers der Französischen Freyheit zu ertheilen.

2) Constitution Françoise Art. 8. Sect. de l'administration interieure.

3) Decret vom 24. Sept. 1789.

4) Decret vom 28. Febr. 1790 und 23. Apr. 1791.

5) Decret vom 16. Aug. 1790.

6) Constit. Franç. T. I. 3.

zwungen ift, feine Refidenz bey dem gefetzgebenden Cörper auf=
zuſchlagen, und die Kette, welche ihn feſthält, nicht über 10 Mei=
len ſich ausdehnen darf 1).

Da die oberſte Gewalt in Frankreich unveräußbar, und
untheilbar iſt, konnte der König weder der Majeſtätsrechte beraubt
werden, noch ſich ſelbſt berauben, weil er verbunden iſt, dieſelben
in ihrem ganzen Umfange mit der Crone ſeinem Nachfolger zu
überliefern 2).

Die Niederlegung der Crone allein konnte Ludwig XVI. ſeiner
königlichen Vorzüge berauben: allein die einzelnen Verzichtleiſtun=
gen, zu welchen der König gezwungen worden, können nicht ein=
mahl als eine theilweiſe geſchehene Abdankung betrachtet werden,
da die Rückkehr des Königs in den Privatſtand nothwendig den näch=
ſten Thronerben mit der Majeſtät bekleiden mußte, und es zur
Gültigkeit einer ſolchen Verzichtleiſtung erfoderlich iſt, daß der
Verzichtleiſtende einer vollkommenen Freyheit genieße, welche der
König weder damahls noch ſpäter gehabt hat. Denn es iſt weltkün=
dig, daß die Gewaltthätigkeiten, Beleidigungen und Gefahren,
die ſeinen Völkern droheten, dem Könige nicht einen Augenblick
von Freyheit geſtatteten. Wie kann man nun verlangen, daß
die übrigen Mächte eine Revolution als rechtmäßig anerkennen
ſollen, welche zum Aergerniſſe der ganzen geſitteten Welt, einen

mäch=

---

1) Decret vom 24. März 1792. 3. Art. Mit dieſer Behauptung des
   Franzöſiſchen Verfaſſers ſtimmt Herr Necker Du pouvoir executif
   dans les grands Etats vollkommen überein, wo er zeigt, daß der Prä=
   ſident des Congreſſes der vereinigten Staaten von Amerika weit mehr
   Gewalt habe, als ein König von Frankreich nach der Conſtitution, ja daß
   ſelbſt in der kleinſten Republik den Magiſtraturen eine größere Kraft bey=
   gelegt ſey.
2) Lauter unumſtößliche Sätze des alten Franzöſiſchen Staatsrechtes.

H

mächtigen und gerechten Monarchen von Thron stürzt, seiner Freyheit täglich zu nahe tritt, das Leben dieses Königs, der Königinn, der ganzen königlichen Familie unaufhörlich bedrohet, und die durch ein allgemeines System von Zügellosigkeit alle Souveraine zwingen wird, die Beleidigungen, welche gegen Ihre Allerchristlichste Majestäten verübet worden, als eine persönliche Beleidigung anzusehen, wenn sie auch keine gemeinschaftliche Ehre zu vertheidigen hätten.

Ihre Kaiserliche und Königliche Majestäten hatten so viele Beyspiele der zügellosesten Gewaltthätigkeiten früherer Zeiten: den 13. 14. 17. Julius, und 5. und 6. October 1789, die auf eine so empörende Art von der Gemeinde von Paris belohnet worden 1): den Freyheitsschwur eines gefangenen Monarchen am 4. Hornung 1790: die ärgerlichen Beschimpfungen, die man sich in Wohnungssale Seiner Majestät gegen dessen treueste Diener erlaubte: die wüthenden Drohungen eines gedungenen Pöbels, und einer ausgelassenen Miliz, welchen Seine Majestät und die ganze königliche Familie den 18. April 1791 ausgesetzet waren 2): die thätliche Anhaltung der Tanten des Königs zu Arnay

---

1) Der Bürgerrath von Paris theilte den fünf Weibern, welche sich bey diesem verruchten Zuge nach Versailles am meisten ausgezeichnet hatten, Medaillen an Nationalbändern aus, und der Abbe Mulot, Präsident der Gemeinde, überreichte sie ihnen öffentlich mit folgenden Worten: Empfangt die Belohnung, welche das Vaterland eurer Tugend, euerer Weisheit, und euerem Patriotismus zuerkannt hat!

2) Der König und die Königinn wollten einen Tag zu St. Cloud zubringen. Der Pöbel und die Nationalgarden hielten sie auf ihrer Reise auf, und führten den Wagen mit Gewalt in den Hof der Tuillerien zurück, wo beyde Majestäten den schrecklichsten Verwünschungen einer unsinnigen Menge über drey Stunden ausgesetzet waren. Herr von La Fayette war gegenwärtig.

nay le Duc, ob diese gleich abgestiegen waren, sich Pässe geben
zu lassen, welche damahls noch selbst die neuen Gesetze für bloße
Privatpersonen nicht foderten! die unglücklichen Ereignisse des
Monaths Junius 1791: die Abdankung der königlichen Leibwache,
und die schändlichen Auftritte des 20. Junius 1792: das gehässige Anklagdecret gegen die Brüder des Königs, dessen erzwun-
gene Genehmigung die Natur, die Gerechtigkeit und das höchste
Ansehen gleich stark beleidiget: endlich die Straflosigkeit so vieler
Unthaten, vor Augen, daß dieselben bereits; vorläufig gegen alle
Handlungen, Erklärungen, Sendschreiben, welche Sr. Majestät
sollten untergeschoben, oder aufgebrungen werden, feyerlich pro-
testirt haben, und protestiren, bis der König mit seiner Familie
in eine vollkommene und gänzliche Freyheit gesetzt, unter der Be-
wachung der Truppen Ihrer Majestäten in irgend einer Gränzstadt nach eigenem Belieben, und in vollkommener Sicherheit
allen Unterthanen seinen entscheidenden und höchsten Willen bekannt machen, und die Wünsche erfüllen kann, von welchen er
von jeher durchdrungen war, um sein Volk glücklich und wahrhaft frey zu machen, und demselben einen dauerhaften Wohlstand zu versichern 1).

H 2   Von

---

1) Declaration de son Altesse Serenissime le Duc regnant de Bruns-
vic etc., woraus sehr deutlich zu ersehen, daß beyde Majestäten zwar
dem Rechte und der Billigkeit gemäß verlangen, daß der König vollkommene Freyheit habe, mit seinen Unterthanen über eine Constitution über-
einzukommen, aber für Sich nicht die geringste Absicht haben, sich in
die inneren Angelegenheiten des Reiches zu mischen, oder der Nation
irgend eine Verfassung aufzubringen.

II. Von der Französischen Revolution in Rücksicht der Nation selbst.

In Rücksicht der Französischen Nation ist die Revolution anstatt ihr Werk zu seyn 1) vielmehr eine Geissel derselben, der Gegenstand ihrer Klagen, die einzige Quelle ihrer Unglücksfälle, und sie würde ihr zum ewigen Schimpf, und zu einer unauslöschbaren Schande gereichen, wenn es nicht durch tausend verschiedene Vorfälle erwiesen wäre, daß diese erlauchte Nation die Rottirer selbst verabscheue 2), welche sie zerrütten: daß sie den König innigst liebe: daß sie ihre alte Religion zu erhalten wünsche, ohne der Duldung abhold zu seyn: daß sie dem Augenblicke mit Sehnsucht entgegen sehe, der sie von dem erniedrigenden Joche befreye, unter welchem sie nun ihren Nacken beugen muß 3): daß, wenn nicht fremde Mächte ihr zu Hülfe kämen, und sie

---

1) Zur Vertheidigung der Rechtmäßigkeit der Französischen Constitution beruft man sich gewöhnlich auf die einstimmige Aufnahme der ganzen Nation: allein man sehe Neckers Werk: Du pouvoir executif dans les grands Etats, wo sehr treffend gezeigt wird, wie wenig ein solcher erschlichener Beyfall zu bedeuten habe, der durch Ulberraschung, die Zauberkraft einzelner Worte, den Strom einer allgemeinen Gährung, durch eine Reihe zufälliger Umstände zwar sehr leicht erhalten wird, aber bald sich die Leidenschaft und Ulberspannung gelegt, eben so geschwind wieder verlohren geht.

2) Herr Necker erweiset auch, daß die Wahl der Mittel so schlecht war, daß die Nation niemahls etwas Gutes erwarten konnte, und was soll dieselbe von ihrem gegenwärtigen Convente erwarten, wo nur die hitzigsten Köpfe, und unruhigsten Glieder beyder Versammlungen Sitz und Stimme erhalten. Unglückliches Frankreich!

3) Auch der würdige Andre Chenier berief sich in seinem Aufsatze über die neuesten Intrigen der Französischen Demagogen, auf den Abscheu der unermeßlichen Majorität der Nation, welche eigentlich das Französische Volk ausmacht.

fie ihrem traurigen Schicksale allein über lassen bliebe, ihr politi-
sches Ansehen zerstöret, ihr Handel vernichtet, ihre Künste vergessen, ihre Manufacturen des Absatzes beraubt, ihre Besitzungen
schwankend, und alle ihre Provinzen weit größeren Grausamkeiten, Verschwörungen, und Zerstörungen ausgesetzet seyn würden,
als es die einst so blühenden und nun so unglücklichen Colonien, als
es die bedauerungswürdigen Städte von Nismes, Montpellier,
Arles, und Avignon leider schon sind 1).

Anstatt also, daß Ihre Majestäten den Endzweck haben
sollten, die Französische Nation zu bekriegen, oder dieselbe von
ihrem Könige, mit dem sie nur ein gemeinschaftliches Ganzes ausmachen kann, trennen zu wollen, gehen vielmehr Ihre ernstlichsten
Wünsche dahin, ihr zu Hülfe zu kommen, und mit ihr vereinigt
die unnatürlichen Kinder zu bekämpfen, die ihren mütterlichen
Schooß zerreissen, ihren König mißhandeln, ihre Religion zerstören. — Wenn das positive Recht aller Völker befiehlt, die Rasenden zu entwaffnen, die an sich selbst Hand anlegen: wenn das
Naturrecht allen Menschen die Verbindlichkeit auflegt, einander
wechselweise zu Hülfe zu kommen; um wie vielmehr fodert das
Völkerrecht, welches unter allen gesitteten Nationen bestehet, alle
benachbarten Staaten zur Vereinigung auf, um eine große Nation
ihrer eigenen Wuth, und den traurigen und nothwendigen Folgen
eines politischen Tollsinnes zu entreissen, der ihren Wohlstand un-
tergräbt, ihre Vereinigungsbande auflöst, und sie ganz zu zerstören drohet.

Wenn man nur einen flüchtigen Blick auf die schreckliche
Reihe von Begebenheiten wirft, welche Frankreichs Elend hervor-
brach-

---

1) Aus diesem Gesichtspuncte haben beyde Majestäten den Einmarsch ihrer
Armeen allein anbefohlen. Les deux cours ne se proposent d'autre
but, que le bonheur de la France. Declaration etc.

brachten: wenn man über die Ursachen und Wirkungen derselben nachdenkt: wenn man die große Auswanderung Franzbsischer Güterbesitzer berechnet, von welcher man in keinem Jahrhunderte ein ähnliches Beyspiel findet: wenn man den muthvollen, und unerschütterlichen Widerstand der getreuen, und aufgeklärten Minorität der allgemeinen Stände nicht aus dem Gesichte läßt 1): wird man sich leicht überzeugen, daß nur eine kleine Anzahl von Bösewichtern alle Unruhen veranlasset 2), und daß diese Rotte mit Hülfe des niedrigsten Pöbels, der Verbannten aus allen Ländern, und dem Kerker entlaufener Verbrecher, und durch den Irrwahn, in welchen sie schwache Bürger, oder aufbrausende Köpfe zu verstricken wußten 3), diese unglückliche Revolution gestiftet, welche die wahre Freyheit der Nation eben so empfindlich verletzte, als jene des Königs.

Oder hat etwa die rebellische Mehrheit der allgemeinen Stände nicht die Freyheit der Nation verletzet, und die Rechte derselben an sich gerissen, da diese ihre eigenen Leidenschaften den allgemeinen Wünschen unterschob, und an die Stelle der väterlichen Regierung eines weisen Monarchen ihre eigene Tyranney auf den Thron setzte? War diese strafbare Mehrheit berechtiget, eine Sache abzuändern, welche alle schriftlichen Aufträge, welche alle Provinzen einstimmig, wenigst beynahe einstimmig foderten? Und welche Macht konnte den Strom ihrer Mißbräuche aufhalten, und dem Ausbruche des Despotismus, und ihrer willkührlichen

Ge-

---

1) Man sehe die Protestation der 287 Mitglieder der constituirenden Nationalversammlung.

1) Mounnier appel au tribunal de l'opinion publique.

2) Wie viel Unheil stifteten die Broschüren? Menschen, welche lesen können, sagt Andre Chenier, sind bey weitem nicht so allgemein, als man glaubt.

Gewalt Gränzen setzen, als dieselbe einmahl sich von ihren eiblichen Verbindungen eigenmächtig los gemacht hatte 1)?

Um die Völker zu verführen, und ihre Augen durch täuschende Schmeicheleyen zu blenden, spricht diese Versammlung von allgemeiner Gleichheit 2); während sie ganz Frankreich zittern macht: von Gerechtigkeit; sie, die noch kein Verbrechen, keine Gewaltthätigkeit bestrafet, aber wohl unerhörte Bubenstücke gecrönet, und zum Entsetzen der ganzen gesitteten Welt die schänd=

---

1) Der König war gefangen, die Prinzen, der vornehmste Adel, die würdigsten Feldherren und Statthalter exilirt, und die Verschwornen gebothen den Mordbrennern und Banditen, den entlaufenen Soldaten und dem Pöbel der Vorstädte. Mounnier l. c.

2) Allgemeine Gleichheit! So lange Bedürfnisse und Thätigkeit, Fähigkeiten und Glück verschieden sind — welch ein Unsinn! Und wenn dieser Unterschied gehoben werden könnte, was würde dann wohl aus der Gesellschaft? Auch werden diese Herren, welche nun das Volk durch den leeren Schall einer unmöglichen Sache bethören, nur so lange die Vortrefflichkeit der Gleichheit predigen, als noch etwas zu rauben oder irgend eine Gewalt zu entwinden ist, der sie sich bemächtigen wollen. Die gemordete und unterdrückte gemäßigte Parthey, die zerstörten Pressen der Constitutionsfreunde, die von dem außerordentlichen Ausschusse der Municipalität an Geschmeide, Baarschaften und Wechseln gestohlenen 12 Millionen, welche dieser Ausschuß als sein Eigenthum betrachtet, sind der schönste Commentar über die Gleichheit, welche die Rottirer eingeführet wissen wollen. Eine wahre Gleichheit, die einzige, die möglich, die wünschenswerth ist, und die glücklich machen kann, hängt weder von der Abschaffung des Ranges, weder von einer schimärischen Ausgleichung des Vermögens ab, sondern ist ganz allein das Werk unserer gemäßigten monarchischen Regierungsformen, wo der Hohe und Niedere gleichen Schutz für seine Güter, seine Betriebsamkeit, seine Person, seine Familie, gleiche Gerechtigkeit bey gleichen Gesetzen, und gleiche Sicherheit gegen jede Art von Gewalt zu erwarten hat; wo den Uibertreter der Gesetze weder Stand, noch Reichthum, noch Partheyung der verdienten Strafe entziehen können.

schändlichsten Verbrecher in ihren Schooß aufnahm 1)! von öffent-
licher Sicherheit; da die Zufluchtsstätte des Königs ungestraft
von dem Pöbel entheiliget und bestürmt, und die Hausfreyheit
der Einzeln jeden Tag durch Untersuchungscommissionen verletzt
wird, die Frankreich entvölkern 2); da Meuchelmorde kaum mehr
bemerket, und Magistratspersonen selbst ungestraft getödtet
wer=

---

1) Man erinnere sich der Verschwornen vom 5. und 6. October 1789,
der Mörder von Avignon, von Nismes, und der von den Galeeren zu-
rückgekommenen Rebellen des Regimentes Chateau vieux, der verschiedenen Deserteurs, die mit den Ehren der Sitzung belohnet worden,
der Räuber vom 10. August, und 2. September, die zum Theil im
Nationalconvente sitzen, und bemerke, daß diese Straflosigkeit, diese
Belohnung des Lasters planmäßig waren, um ja fortwährend sich dieser verruchten Leute bedienen zu können.

2) Es haben schon verschiedene Schriftsteller, ja selbst unpartheyische Mitglieder von beyden Versammlungen bemerkt, daß die Gewaltthätigkeiten,
und die eigenmächtige Verfahrungsart der Ausschüsse der Versammlungen, und Untersuchungscommissionen alles übertreffe, was von despoti-
schen Staaten jemahls gesagt, oder erdichtet worden; aber der neueste
Untersuchungsausschuß der Municipalität von Paris, wo nach den letzten Debatten im Nationalconvente, weder die Municipalität, weder der
Minister vom Innern die Mitglieder kennen: wo die Mitglieder einander
selbst nicht bekannt sind: wo jedes Mitglied das Recht hat, nach seinem Wohlgefallen einen Stellvertreter zu wählen, würde selbst bey dem höchsten
Grade von Anarchie unglaublich scheinen müssen, wenn es nicht acten-
mäßig erwiesen wäre. Und doch glaubte dieser monströse Ausschuß be-
fugt zu seyn, alle Häuser, Zimmer, Schränke zu untersuchen, nach Willkühr jeden Bürger in Verhaft zu nehmen, sich der Papiere, Kostbarkei-
ten, Baarschaften der Eingezogenen zu bemächtigen, ohne Rechenschaft
abzulegen, und seinen Wirkungskreis nicht nur über Paris, sondern
über ganz Frankreich auszubreiten. Die Mitglieder des Ausschusses suchen
auch nicht diese Verfassung zu läugnen, sondern behaupten diese kleine
Gewalt wohl verdienet zu haben, da vorzüglich durch ihre Bemühungen das Reich der Gleichheit gegründet worden.

werben 1)? von Duldung; wo die Tempel der herrschenden Religion geschlossen sind, ihre Diener in mancher Provinz in Gefängnissen schmachten 2), oder von der Nationalversammlung selbst verurtheilet werden, aus dem Reiche verbannt zu seyn: wo die Römisch-Katholischen ohne Lebensgefahr ihre Religion nicht ausüben können: wo man den Muthwillen aufreizt, ihren Gottesdienst zu verfolgen, und zu bestrafen, und selbst die Häuser der frommen Frauen nicht verschonet bleiben, welche die Religion selbst dem Dienste der Armen widmete 3)? von Freyheit endlich, wo der König gefangen ist, alle Ausgänge des Reiches geschlossen sind, mehr als 50000 Municipalitäten das Recht zur Verhaftnehmung haben, und dieses Recht gegen friedliche und unschuldige Bürger so oft mißbrauchten, und jedes Mitglied der Nationalversammlung auf seine Unterschrift, ja auf seinen bloßen Wink Französische Bürger in Ketten schmieden lassen kann, wie man dasselbe in Bedfort und andern Orten gesehen 4)? Fremde fliehen das schmerzliche Schauspiel eines Volkes in dem Zustande der Anarchie, während die Versammlung selbst als Zeuge, Angeber, Richter und Henker alle Tage nach der Laune ihrer plötzlichen Einfälle die Gefängnisse mit Leuten anfüllt,

die

---

1) Die Maire von Troye, von St. Denis, von Estampes rc.

2) Zu Meaux, Auxer, Dijon, in Bretagne, und die Grausamkeiten der neuesten Zeitgeschichte sind bekannt!

3) Die Closterfrauen de la Charité, die grauen Schwestern, wurden gegeißelt, und in Gegenwart der Nationalgarden mit Ruthen gepeitschet, weil sie die Messe eines unbeeideten Priesters hören wollten.

Ganz Europa erfuhr mit Entsetzen die grausame und unmenschliche Mißhandlung, welche zu Orchies in Flandern die Engländerin Madame Raßh von Linientruppen und Nationalgarden erfahren mußte, obgleich dieselbe mit einem Passe von dem Marschalle Lukner selbst versehen war.

E

66

die ihr zu mißfallen das Unglück haben, oder ihren Absichten in
Weg stehen.

Nein, unmöglich kann die Französische Nation mit so
vielen Schandthaten beflecket seyn: dieses unglückliche Volk ist viel=
mehr selbst das Opfer derselben. Es fühlt es nur zu sehr, daß
eine Freyheit ohne Zaum die schrecklichste Geissel, und eine Frey=
heit ohne Wohlstand kein anlockendes Gutes ist 1). Die Fran=
zösische Nation war allzeit frey, sie verdient es zu seyn, sie wird
es seyn: aber die Unglücksfälle der Revolution haben dieselbe
hinlänglich überzeugen können, daß diese Freyheit nur von dem
Scepter der Gesetze zu erwarten sey, welche während Jahrhun=
derten ihr einen so hohen Wohlstand, und einen so ausgebreiteten
Ruhm verschafften 2), und Ihre Majestäten werden durch Wieder=
ein=

1) Die Jacobinischen Minister suchen sich durch das Uibermaß der Anarchie
   selbst gezwungen, diese Wahrheit einzugestehen. In ihrer Proclamation vom 25. Aug. 1792 sagen sie: Il n'y a plus de liberté, ni pat-
   rie, la, ou la force prend la place des loix.

2) Seit man in Frankreich an der Constitution arbeitet, hört man beynahe
   täglich, Frankreich müsse eine Constitution haben. Wie, sagte ein scharf=
   sinniger Beobachter seinen Landsleuten, Wir hätten also bis jetzt keine Con=
   stitution gehabt? Wir existiren doch seit vierzehen Jahrhunderten: wir
   erkennen keine Nation in Europa, die vor uns den Rang verdiente: die
   fremden Reiche sind unserer Industrie zinsbar, und keine Macht wag=
   te es, uns anzugreifen. Wir haben America von dem Joche unserer
   Nebenbuhler befreyet, und es hieng nur von uns ab, den Besitz ihrer
   Ostindischen Niederlassungen gleichfalls schwankend zu machen. Um un=
   sern politischen Einfluß zu behaupten, dürften wir nur unsere Verträg=
   ge mit Holland vollziehen, und vielleicht erwartet die patriotische Par=
   they nichts als unser Loszeichen, um ihr Haupt empor zu heben. Wenn
   wir uns entschliessen könnten, gleich andern großen Mächten, unsere
   Ausgaben zu beschränken, würden in wenigen Jahren die Finanzen wie=
   der hergestellet seyn. Frankreich ist der Mittelpunct der Künste. Wenn
   wir

einſetzung des rechtmäßigen Königes, eines Königes, der die Lie=
be und das Zutrauen ſeiner Unterthanen mit ſo vielem Rechte ver=
dienet, dem Monarchen, und der Nation einen gleich wichtigen
Dienſt leiſten. Und da die Herſtellung der königlichen Würde der
einzige Gegenſtand Ihrer Wünſche, der einzige Beweggrund iſt,
welcher Dieſelben beſtimmte die Waffen zu ergreiffen, werden Sie
gewiß alle treuen Unterthanen Seiner Allerchriſtlichſten Majeſtät,
welche das Beyſpiel der Unterwürfigkeit geben, alle guten Franzoſen,
welche durch ihre Mitwirkung in den Departements, Diſtricten,
und Municipalitäten auf der Stelle das geſetzmäßige Anſehen des
Königs, und die öffentliche Ordnung wieder einführen, durch
ihre Heere beſchützen, und keine andere Feinde erkennen, als die
Feinde ihres Königs und des Landes ſelbſt, als die Aufrührer, wel=
che ſich erfrechen dürften, die Empörung mit gewaffneter Hand
länger fortzuſetzen 1).

Ihre Majeſtäten ſind weit davon entfernet, durch Sen=
dung Ihrer Heere die willkührliche Gewalt in Frankreich einzufüh=
ren, Feindſchaften und Privathaß zu unterſtützen, welche Leiden=

Z 2 ſchaf=

wir alles dieſes ohne Conſtitution geworden ſind, kann die Conſtitution,
die man uns geben will, unmöglich ein ſo weſentliches Bedürfniß ſeyn,
und wir haben ſicher zu übereilt geſchloſſen, daß wir keine Conſtitution
hätten, weil in der alten Verfaſſung, welcher wir ſo viel zu danken
haben, einige Mißbräuche zu verbeſſern waren. Observations reflechies etc.

1) Declaration troiſieme de Son Alteſſe Sereniſſime le Duc regnant
de Brunswic etc. du 28. Sept. 1792, wo dieſer Entſchluß Ihrer Maje=
ſtäten ungeachtet der letzten Decrete des vorgeblichen Nationalconventes be=
ſtättiget wird, entweder Seiner Allerchriſtlichſten Majeſtät Freyheit, Si=
cherheit, und die königliche Würde wieder zu verſchaffen, oder die Re=
bellen, welche ſich dieſer Wiederherſtellung widerſetzen würden, nach Ver=
dienſten zu beſtrafen.

schaften das Französische Ehrgefühl dem öffentlichen Wohle auf-
opfern muß, oder zum Nachtheile der rechtmäßigen Staatsgläubiger den Ausbruch eines allgemeinen Bankerottes zu begünstigen.
Alle diese Uibel dürfen nicht gefürchtet werden, und die strenge
Rechtschaffenheit und Tugend Seiner Allerchristlichsten Majestät
werden gewiß jeden Unterthan dagegen schützen. Aber zugleich
haben die wahren Freunde ihres Vaterlandes keinen Augenblick
zu verlieren, um zwischen der Tyranney des Pöbels, und der Herrschaft der Gesetze, zwischen der Unterwürfigkeit und dem Aufruhr,
zwischen einer gänzlichen Vergessung der vorgefallenen Irrungen,
und der Bestrafung eines unverzeihlichen Widerstandes eine Wahl
zu treffen. Es hängt von ihnen ab, ihr eigenes Loos zu bestimmen: das Schicksal von Frankreich ist in ihren Händen, und sie
allein können entscheiden, ob dieses Reich noch eine blühende Monarchie bleiben, oder in eine wüste Einöde verwandelt werden
soll.

Um alles mit einem zu sagen, können Ihre Majestäten
die Franzosen nicht nachdrücklicher zu ihren Pflichten, zu den
Gesetzen der Menschheit, und jenen der Ehre, die denselben einst
so theuer waren, und zu ihrer ehemahligen Anhänglichkeit für
ihren König zurückführen, als wenn Sie ihnen die letzten Worte
der Protestation des Allerchristlichsten Königs vom 29. Junius
1791 noch einmahl vor Augen halten:

'Franzosen, und vorzüglich ihr Pariser, ihr Bewohner einer Stadt, welche die Könige so gerne ihre gute Stadt von
Paris nannten: hütet euch von den hinterlistigen Vorspieglun-
gen, und den Lügen euerer falschen Freunde. Kehret zu euerem
Könige zurück. Er wird immer euer Vater, euer bester Freund
bleiben. Mit innigstem Vergnügen wird er seine persönlichen Beleidigungen vergessen, und mitte unter euch Platz nehmen, wenn
einst die Religion wieder geehret, die Verfassung gegründet, das
                                                              Eigen-

Eigenthum und die persönliche Freyheit der Bürger nicht mehr gestöret, die Geseße nicht länger ungestraft übertreten werden, und sich die Freyheit selbst auf einer festen und unerschütterlichen Grundlage stüßen kann.

III. Von der Französischen Revolution in Rücksicht der Fürsten, welche in Frankreich Besißungen haben.

Unter diesem dritten Gesichtspuncte kann die für Frankreich so unglückliche Revolution noch weit traurigere Folgen haben, durch die empörende Ungerechtigkeit gegen die fremden Fürsten, die entweder in Frankreich begütert sind, oder deren Besißungen innerhalb der Französischen Gränzen liegen, eine Ungerechtigkeit, welche die Beleidigten nothwendig zwingen muß, ihre Gerechtsame mit gewaffneter Hand zu behaupten. Die Grafschaft Avignon gehörte dem heiligen Stuhle. Sein Eigenthum gründete sich auf einem unumstößlichen Rechtstitel, auf einem unbenklichen Besißstande, wodurch bey allen Nationen selbst der Abgang eines Rechtstitels ersetzet würde. Die usurpirende Versammlung verband die Grafschaft mit ihrem Gebiethe durch das tyrannische Recht des Eigennußes und der Convenienz, und als wenn sie von einem Uiberreste von Gewissen aufgeschreckt ihrer Machthandlung den Firniß der Gerechtigkeit hätte geben wollen, trug sie dem heiligen Stuhle eine Schadloshaltung an.

Allein wenn der Besißstand des Pabstes rechtmäßig war, hatte man kein Befugniß, demselben sein Land zu entreissen, und wenn man berechtiget war, ihm sein Eigenthum zu entziehen, war keine Ursache zur Entschädigung vorhanden. Die Anerbiethung einer Schadloshaltung ist also allein schon der vollkommenste Beweis der verletzten Eigenthumsrechte 1).

Der

1) Sehr treffend sind die Bemerkungen eines Fremden an ein Mitglied der

Der Fürstbischof von Basel besitzt in seinem Reichslande Porentrut einige enge Pässe, welche die Herrschsucht der Versammlung reizten. Sie läßt sich derselben mit Gewalt bemächtigen,

der conſtituirenden Nationalverſammlung über das Betragen der Nationalverſammlung in Rückſicht der Grafſchaft Avignon. "Vorher, ſagt er, thatet Ihr mit großem Gepränge auf alle Eroberungen Verzicht, und nun brachten einige Glieder der Nationalverſammlung einen Aufſtand in dieſem unglücklichen Lande und das mit Hülfe von einigen Räubern zuwege, deren Grauſamkeiten kaum in barbariſchen Jahrhunderten einige Beyſpiele finden. Eben dieſe ließen einen vorgeblichen Wunſch des Volkes ausſtreuen, dem zufolge die Vereinigung der Grafſchaft mit Frankreich beſchloſſen wurde. Ich frage Sie nun, ob man ſich einer für alle Monarchen mehr zurückſchreckenden Form bedienen konnte? Sie haben durch dieſes Beyſpiel den Weg aufgeſtellet und geheiligt, daß ein Volk ungeachtet der Eide, durch die es an ſeinen Souverain gebunden wird, ſich jedem, dem es will, ergeben kann. So können alſo die Colonien, oder jene Ihrer Provinzen, welche müde der Anarchie, und der daraus folgenden Unordnungen ſind, ſich von Ihnen trennen, und eine Vereinigung mit einem anderen Staate begehren, deſſen Regierung ihnen beſſer, als die Ihrige ſcheint. Ich kann Ihnen den ſchrecklichen Eindruck nicht beſchreiben, welchen dieſer Entſchluß der conſtituirenden Nationalverſammlung in Rückſicht Avignons erzeugt hat. Jeder glaubte nun in Euch Apoſtel zu ſehen, ausgeſchickt Euere Staatsverfaſſung zu predigen, und die Völker durch Hoffnung der Unabhängigkeit, und der Beraubung der Eigenthümer, und reichen Leute zur Empörung und Vereinigung mit Euch zu bewegen. Dieſe Idee fand noch um ſo mehr Eingang, als Ihr zur nähmlichen Zeit die Bewegungen in dem Fürſtenthume Porentrut zu Stande brachtet, und ohne Zweifel den nähmlichen Erfolg wie in Avignon gehabt hättet, wenn nicht die Oeſterreichiſchen Truppen dazwiſchen gekommen wären. Dieß iſt wahrlich eine ſonderbare Art, der gemachten Erklärung auszuweichen, auf alle Eroberungen Verzicht zu thun. Dieſe Art zu erobern iſt bey weitem ſchrecklicher und barbariſcher als jene durch die Waffen, und nie hat ein Krieg, wenn nicht etwa allein unter den Wilden, ſoviel ſchauerende Scenen verurſachet, als Euere Eroberung von Avignon. II. Brief.

gen, und verdrängt eine Abtheilung von Truppen, welche der Kaiser auf Anlangen des Fürstbischofes den Gesetzen des Reiches gemäß dahin geschickt hatte. Die Friedensschlüsse von Münster, den Pyrennen, Breda, Aachen, Nimwegen, Utrecht, Baden und Wien überlassen zwar Frankreich die drey Bisthümer, Elsaß, und Hochburgund, jedoch unter dem ausdrücklichen Vorbehalte der Gerechtsame und Besitzungen der Reichsstände in diesen Provinzen und der förmlichen Clausel, daß weder in politischen noch geistlichen Dingen die geringste Abänderung erfolgen sollte.

Es ist offenbar, daß diese Verträge nicht nach der Laune einer usurpirenden Versammlung verdrehet werden dürfen, und daß wenn dieselbe auf Vollstreckung der Bedingungen bestehet, welche ihr vortheilhaft sind, sie diejenigen nicht verwerfen kann, welche sie ihrem Interesse nachtheilig glaubt. Es ist offenbar, daß die Versammlung entweder die Provinzen, welche der Crone Frankreich abgetreten worden, an das Deutsche Reich zurückstellen, oder die Bedingungen genau erfüllen muß, unter welchen diese Abtretung geschehen ist.

Nun sind aber die Decrete von der Trennung der Kirchensprengel, von der Abstellung der Metropolitanrechte, die Abschaffung der Lehnsherrlichkeit, die Unterdrückung verschiedener Eigenthumsrechte mit oder ohne Entschädigung, die Vernichtung der Territorialgerichtsbarkeit, der Verkauf der geistlichen Güter dem Westphälischen Frieden, und den späteren Verträgen förmlich entgegen, und verletzen die politischen und geistlichen Rechte, welche durch die gemachten Abtretungen auf ewig vorbehalten wurden. Die Abtretung und der Vorbehalt sind also gleich wesentliche Stücke der Friedensunterhandlungen, und da die Theile eines Vertrages so genau zusammenhängen, daß sie nicht von einander getrennet werden dürfen, und folglich entweder ganz vollstrecket, oder ganz vernichtet werden müssen, so würde

de die Verſammlung durch Verletzung des Vorbehaltes auch die
Abtretung der Provinzen vollkommen ungültig gemacht haben,
wenn nicht alle Machthandlungen dieſer Verſammlung ihrer Natur nach ungültig wären, und die Decrete derſelben der Nothwendigkeit weichen müßten, in welcher Frankreich ſich befindet, gerecht zu ſeyn, den geheiligten Gerechtſamen des Deutſchen Reiches
nicht zu nahe zu treten, und die Würde der einzelnen Glieder deſ-
ſelben nicht anzutaſten.

Allein Ihre Kaiſerliche und Königliche Majeſtäten ſind
wohl überzeugt, daß Seine Allerchriſtlichſte Majeſtät, wenn Sie
ihre vorige Macht wieder erlanget haben dürften, ſogleich bemü-
het ſeyn werden, die verletzten Fürſten in ihr voriges Recht und
Eigenthum wieder einzuſetzen, dieſelben für den erlittenen Scha-
den, und die vorenthaltene Nutznießung der Zwiſchenzeit ſchadlos zu
halten, und durch dieſe Gerechtigkeitshandlung die Bande der
Eintracht, welche ſeit ſo langer Zeit zwiſchen dem Deutſchen Reiche,
und Seiner Allerchriſtlichſten Majeſtät beſtehen, noch enger zu
knüpfen. Anſtatt daß alſo die Verletzung der in Elſaß begüterten
Reichsſtände eine rechtskräftige Urſache wäre, den König von
Frankreich mit Krieg zu überziehen, iſt dieſelbe vielmehr ein
Beweggrund mehr, dieſen Monarchen in ſeine alte Würde wieder
einzuſetzen, um von ihm Gerechtigkeit zu erlangen 1).

Von

---

1) Sind die Stände des Deutſchen Reiches verbunden an dem gegenwärtigen Kriege Frankreichs gegen den König von Hungarn und Böhmen
Theil zu nehmen? von Franz Joſeph von Linden. Mainz 1792.

V. Von der Französischen Revolution in Rücksicht aller Völker.

Allein der vorzüglichste Gesichtspunct, unter welchem Ihre kaiserliche und königliche Majestäten die Französische Revolution zu betrachten haben, ist die Wohlfahrt aller Völker, die Erhaltung der Ruhe von ganz Europa. Umsonst sucht eine Versammlung, die sich des Nahmens der Französischen Nation anmaßt, die übrigen Staaten durch eine prunkvolle Verzichtleistung auf Eroberungen zu beruhigen, wenn dieselbe die Länder ihrer Nachbarn für die vorgebliche Freyheit gewinnen will. Unter allen Arten Krieg zu führen, ist für friedliche, tugendhafte, und glückliche Völker unstreitig die schrecklichste, denselben Aufruhr zu predigen, sie zur Empörung zu reitzen, ihren Geist zu verblenden, ihre Sitten zu verderben, sie durch Beyspiel und Verführung an Verbrechen zu gewöhnen, und unter dem Vorwande sie glücklich zu machen, die Rache des Himmels, und die Gerechtigkeit ihrer Souveraine auf ihre schuldigen Häupter zu leiten. Der Ehrgeitz eines Eroberers hat seine Gränzen, und oft ist es hinlänglich, dessen Entwürfe zu kennen, um dieselben zu vereiteln. Aber die Gefahren eines systematischen Entwurfes zu Anarchie, welcher zur Absicht hat, alle vorhandenen politischen Gesellschaften zu zerstören, sind zahllos und unübersehbar, und die Souveraine können zum Besten ihrer Unterthanen nicht frühe genug den Fortgang desselben aufhalten, um das Uibel in seiner Quelle zu ersticken. Den Völkern selbst würde es sehr theuer zu stehen kommen, wenn sie nur einen Augenblick versucht würden, sich von dem Irrwahne hinreißen zu lassen, daß ihre Wohlfahrt von jener ihrer Fürsten getrennt werden kann. Man muß eilen, diesem Irrwahne zuvorzukommen und die Verbrecher zu bestrafen, welche sich zum Untergange der Wohlfahrt aller Staaten verschworen haben. Wenn über die sträflichen Entwürfe der Versammlung

K   noch

noch der geringste Zweifel übrig bleiben könnte, müßte dieser durch
den Angriff und Uiberfall der Niederlande, und durch den Plan
überzeugend gehoben werden, den ein populairer Minister, der
das ganze Vertrauen der Versammlung besaß, selbst bekannt mach=
te, und der darin besteht, Das Feuer des Aufruhrs bey allen
Völkern anzuzünden 1). Ein so barbarischer Grundsatz verräth die
feige Herrschsucht der Versammlung, beleidigt alle Völker, und ist
die Sturmglocke gegen alle Könige. Uiberdieß kann eine mächtige
Nation ohne die größte Erschütterung des Ganzen nicht von der
Oberfläche des Europäischen Staatensystems verschwinden. Das
allgemeine Gleichgewicht unter den Mächten, dieses Werk ihrer
Weisheit, das mit ihren Schätzen und mit dem Blute ihrer Un=
terthanen erkaufet worden: das durch das allgemeine Wohl dem
Ehrgeitze Einzelner Gränzen setzt: das die Eintracht mitte unter sich
durchkreutzenden Leidenschaften und verschiedenen Interessen auf=
recht hält: das durch die Kunst der Unterhandlungen Streitigkei=
ten fast immer endigt, die sonst Ströme Blutes gekostet haben
würden: dieses Gleichgewicht fodert zum Besten aller Europäischen
Reiche, daß ein Staat von der ersten Größe wie Frankreich sich
nicht selbst zerstören, oder den politischen Verbindungen entziehen
könne, welche beyde Uibel bey der Fortdauer der gegenwärtigen
Anarchie nothwendig erfolgen müßten. Denn die Decrete, welche
dem Könige das Recht des Krieges und des Friedens entzogen,
brachen zugleich alle Verträge, die Seine allerchristlichste Majestät
mit

---

1) Aber noch weit sichtbarer wird das beunruhigende Eroberungssystem der
   Verschwornen durch den neuesten Vorfall mit Savoyen, und die laute
   Sprache der Häupter derselben, als einige Mitglieder des vorgeblichen
   Nationalconventes sich auf die decretirte Verzichtleistung aller Erobe=
   rungen beriefen, und von der Einverleibung Savoyens, als 84. De=
   parte=

mit allen übrigen hohen Mächten verbänden. Oder gilt es nicht gleich viel, ob sich die Versammlung des Rechtes anmaßt, die vorhandenen Verträge nach Willkühr zu verwerfen, oder ob sie berechtigt zu seyn glaubt, den König nach ihrer Laune der Mittel zur Vollstreckung derselben zu berauben 1)? Und kann noch irgend eine

K 2

...partements nichts wissen wollten. „Ich unterstüße, sagte in der Sitzung vom 27. September der Hauptanführer der Rotten vom 10. August und 2. September, der Jacobinische Erminister Danton, „ich unterstüße den „Vorschlag, die ganze Streitfrage an den diplomatischen Ausschuß zu „verweisen um so mehr, da der angeführte Grundsatz (keine Erobe- „rungen machen zu wollen) vielleicht einige Beschränkung nöthig „haben wird. In dem nähmlichen Zeitpuncte, als wir verbanden zu „seyn glaubten, allen Völkern die Freyheit zuschenken, müsset „Ihr ihnen auch zugleich sagen: Ihr dürfet keine Könige mehr haben, „denn so lange Ihr von Tyrannen umgeben seyd, könnte ihre Verbin- „dung Euere eigene Freyheit in Gefahr seyen.‘ Als uns die Fränzö- „sche Nation hieher sandte, erschuf sie einen großen Ausschuß „der allgemeinen Empörung aller Völker: Durch Erfüllung un- „serer Bestimmung wollen wir den Grundsatz (einer allgemeinen „Empörung) reif werden lassen, und unsere Entscheidungen (etwa „keine Eroberungen zu machen) nicht übereilen. Ich begehre die Ver- „weisung der Streitfrage an den diplomatischen Ausschuß.“ Hier ist aus dem Moniteur Universel 29. Sept. 1792 die höchstwichtige Original- stelle: „Danton. Je appuie la proposition du renvoi au comitté avec autant plus de raison, que le principe, qu'on vient d'enoncer, paroi- tra peutetre susceptible de quelque restriction. En meme tems, que nous devons donner aux peuples voisins la liberté, vous devez leur dire : vous n'aurez plus de roi: car tant, que vous serez entouré de tyrans, leur coalition pourra mettre votre propre liberté en danger. En nous deputant ici, la nation françoise a crée un grand comitté d'insurrection generale des peuples: en remplissant notre million, mu- rissons le principe, et ne precipitons pas nos decisions. Je de- mande le renvoi au comitté diplomatique.

1) Constitution Françoise.

eine politische Verbindung mit einer Nation statt haben, die nur jene Bündnisse anerkennt, welche sie für die augenblicklichen Umstände vortheilhaft hält, und welche öfter ihre Bundesgenossen bereits aufgegeben hat, während diese verpflichtet zu seyn glauben ihre Verbindlichkeiten zu erfüllen.

Ein König ohne Gewalt, eine Nation ohne Heer, oder was eines und dasselbe ist, mit einem Heere ohne Unterordnung und ohne Zucht sind für ihre Nachbarn, und noch mehr für ihre Bundesgenossen, nur eine erloschene Macht. Und doch hängt die Ruhe von Europa wesentlich von der Vollziehung der zwischen den verschiedenen Souverainen geschlossenen Verträge ab, und die Verträge selbst von der Aufrechthaltung der Grundverfassung der Staaten, welche daran Theil haben. Die Verrückung, ja noch mehr die gänzliche Vernichtung eines Gegengewichtes in der politischen Wagschaale würde die Ruhe von Europa stören, und alte Streitfragen, aufgegebene Ansprüche wieder rege machen, die durch die außer Kraft gesetzten Verträge bereits entschieden waren, und deren neue Erörterung der Menschheit vieles Blut, viele Thränen und viel Wehklagen kosten dürfte. Nur der Weisheit der Souveraine kömmt es zu, so großen Unglücksfällen zuvorzukommen, und bloß aus dieser Rücksicht halten sich Ihre kaiserliche und königliche Majestäten verpflichtet, für die allgemeine Ruhe und Sicherheit von Europa, für die besondere Wohlfahrt ihrer Völker, für das wahre Interesse von Frankreich selbst die Waffen zu ergreiffen, um die gänzliche Auflösung der Französischen Monarchie aufzuhalten, und den Samen eines Empörungsgeistes zu zerstören, welcher unaufhörlich alle Souveraine und alle Völker in Gefahr setzen würde.

Aber zu gleicher Zeit, da Ihre Majestäten den Gesetzen der gemeinschaftlichen Ehre aller Cronen, und dem wirklichen Interesse tereffe alle Völker gehorchen, erklären dieselben ganz Europa, daß Sie in diesem gerechten Kriege nicht die geringste persönliche Vergrößerung zum Endzwecke haben, sondern vielmehr ausdrücklich darauf Verzicht thun, und ganz Frankreich, daß Sie nicht gesinnet seyen, sich einen Einfluß in die Verfassung zu verschaffen, oder sich in die innere Verwaltung zu mischen, aber daß Sie fest, und unerschütterlich entschlossen seyen:

Die Ordnung und öffentliche Sicherheit in diesem Reiche herzustellen:

Die Personen, und das Eigenthum aller derjenigen zu beschützen, welche sich dem Könige als ihrem rechtmäßigen Herren unterwerfen werden:

Auf eine unvergeßliche Art jeden bewaffneten Widerstand zu bestrafen:

Falls dem Könige oder der Königinn oder der königlichen Familie die geringste Beleidigung geschehen sollte, Paris einer abschreckenden und furchtbaren Strafgerechtigkeit, und einer gänzlichen Zerstörung zu überliefern, wenn diese Stadt nicht ihre vorigen Fehltritte bereuen, und durch augenblickliche Befreyung Ihrer allerchristlichsten Majestäten, und Herstellung der alten Ehrfurcht und Würde die gnädige Vermittlung Ihrer kaiserlichen und königlichen Majestäten zur gänzlichen Begnadigung verdienen würde:

Endlich dem Könige vollkommene Sicherheit zu verschaffen, daß er sich in eine benachbarte Gränzstadt begeben, und dort um sich her seine Familie und die Prinzen seine Brüder versammeln könne, bis Seiner Allerchristlichsten Majestät das Vergnügen zu Theil werde, Seiner Würde gemäß in die Hauptstadt zurückzukehren, und daselbst der Wonne zu genießen, die vorigen Unthaten Ihrer Unterthanen bereuet und diese mit neuen Wohlthaten überhäufet in Besitz eines wahren Glückes, einer wirklichen Freyheit, und daher einer gänzlichen Unterwürfigkeit gegen Seine oberste Macht zu sehen.

www.ingramcontent.com/pod-product-compliance
Lightning Source LLC
Chambersburg PA
CBHW020335090426
42735CB00009B/1551